U0550601

HEART

心視野

HEART

心視野

일단 잘될 거라 말해요

讓好事發生的說話習慣

吳秀香(오수향)——著　黃莞婷——譯

從「內在對話」、「人際溝通」到「財富豐盛」，
打造理想人生的39個表達練習

目錄

第3章 改善人際的好感表達習慣

目錄

好評推薦

「想法與說話的自我覺察，如同陽光、空氣、水，是每日必備的重要元素。習慣是一種長期的行為模式，有了絕佳的範本，透過反覆、刻意的微調練習，將讓正向表達成為自然而然的事。」

——王意中，王意中心理治療所所長、臨床心理師

「談吐，是將個人內涵訴諸世界的宣示。本書提供許多具體建議，能幫助我們好好向大家介紹自己、獲得青睞。」

——洪紫峯，運動心理教練

「知道『語言很重要』的人很多，但知道『該怎麼說』的人卻不多。如果你也是這樣的人，那麼請留意這本書，它將為你開啟一條嶄新的道路。」

——金信一，首爾大學名譽教授

「只要讓自己說話的方式變得更有品格，不只能感動人心，甚至能讓人驚嘆、激動。你想不想知道一套能徹底改變人生的祕訣？那麼，你一定要讀這本書。」

——柳永萬，韓國漢陽大學教授

「這本書揭示了那些在人生中取得勝利的人們所共有的一個特點：那就是，他們會用正向的話語讓自己變更好。成功不是憑空而來的，而是我們主動吸引來的。那股宛如魔法般的力量，其實就藏在我們的話語之中。」

——趙書煥，亞太行銷論壇會長

「身為一位詩人，我比誰都深知語言所帶來的力量與能力。正因如此，我相信這本書能為我們帶來珍貴的希望，成為指引未來的一盞明燈。」

——羅泰柱，韓國詩人

前言
你說的話，藏著扭轉人生的力量

「不要去想大海。」

當你讀到這句話的「大海」一詞時，大腦是否已經不由自主地浮現出波濤翻湧的海浪、翱翔天際的海鷗、鹹澀的海風或一望無際的碼頭景象？明明這句話是要你不要想像「大海」。

為什麼會發生這種事呢？因為**人類大腦天生不擅長理解「不要」這類的否定概念**。人腦一旦聽到某個詞彙，就會受到刺激。這就是為什麼聽到「不要去想大海」，你還是會立刻聯想到大海。

那麼，要如何引導大腦朝我們期望的方向思考呢？答案就是**將表達方式轉換成肯定式表達**。試想，如果不說「不要去想大海」，而是說「請想像山嶺」，會發生什麼事呢？那一瞬間，我們的大腦就會浮現穿透濃綠樹蔭灑落的斑駁陽光、悄然綻放的花朵、潺潺溪流和芬芳的泥土氣息。我們自然而然地不會去想大海了。

有人將這個原理化為武器，那就是滑雪選手們。當滑雪選手以時速超過一百五十公里從積滿皚皚白雪的雪山俯衝而下，同時需要穿越重重障礙物，精確沿著指定路線疾馳前進。他們之所以能夠迅速且精準滑行，全靠「正向語言」。他們絕對不會在心中默唸「不能撞上障礙物」，因為這種念頭只會讓他們專注於妨礙前行的障礙物。反之，他們會告訴自己「沿著路線前進」，那一瞬間，他們眼前就會清晰浮現自己必須前行的路。

同理，你對自己說的話決定了你將看到怎樣的世界，也會影響你的行為表現。**言語中，不僅蘊含化解當前困境的力量，更隱藏足以扭轉人生的力量**。

一九九〇年代，有個被譽為披頭四之後英國最偉大、風靡全球的樂團，那就是綠洲合唱團（Oasis）。不過，帶領這個樂團的英國作曲家兼吉他手諾爾・蓋勒格（Noel Thomas David Gallagher），他的童年歲月卻極為坎坷，小時候長期被父親家暴，曾被毆打到昏迷不醒，連鼻子都斷了兩次。也許正是因為這樣的成長環境，少年諾爾成了問題學生。雪上加霜的是，約莫十五歲時，他還被學校開除。為了養活自己，不到二十歲就輾轉於麵包店、洗衣店、工地等地方，到處打工。

這樣的他是怎麼成為舉世矚目的音樂巨星呢？當電視節目的主持人詢問他成功的祕訣時，他回答道：

> 我始終相信人生是美好的。每天早上睜開眼睛，我都會對自己說：「今天心情太棒了！說不定會有好事發生！」

諾爾的人生確實如他所言，朝著樂觀的方向不斷前進。儘管他有著悲慘又黑暗的童年，但他每天早晨對自己說的那些正向話語，日積月累地改變了他的心態，徹底扭轉了他所處世界的樣貌。

倘若沒有那些如咒語般反覆唸著的「魔法話語」，他是否還能創作出那般甜美輕快的旋律？他是否還能從不幸中拯救自己，並贏得無數人的喜愛呢？

如果你也想像諾爾一樣讓人生有所轉變，那就先**對自己說一句：「一切都會順利的！」**正如這本書所傳達的訊息，本書將透過各種案例和故事，告訴你如何修正負面的表達方式，用正向的語言和思維改造自己。透過本書，你將學會建立自信、經營人際關係、在職場中脫穎而出並致富，還有掌握人生重心並規劃未來的方法。

一旦養成正向表達的習慣，我們的人生就會產生翻天覆地的轉變。變化不是特定人士的專利，每個人都有機會體驗這樣的轉變。不需要其他技巧或訣竅，只要開口說出正面的話語就事半功倍。我們的大腦會自然而然地開始用全新的角度審視現實，並主動尋找出路。在身處絕境的時候，能找到出路的人，正是那些始終相信必定有活路，並努力尋找的人。

你準備好要改變人生了嗎？若你已經下定決心就別再遲疑，翻開下一頁吧。倘若讀完這本書的你，學會將自己的言語轉化成正向表達，掌握改變人生的力量，身為作者的我將感到無比欣慰。

★ 第1章 ★

改變人生的正向思考習慣

「人類言語的偉大之處，
在於它能讓我們超越眼前所見的事物。」

——路易斯・湯瑪斯（Lewis Thomas），美國詩人

01 一句話，帶來奇蹟般的勝利

「重要的是一顆百折不屈的心。」

二〇〇二年，讓韓國全國人民又哭又笑的美好奇蹟，可以說都始於這短短的一句話。同年，在卡達世界盃小組賽，韓國國家代表隊爆冷門，擊敗強敵葡萄牙後，韓國國家隊驕傲高舉的太極旗上也寫著這句話。儘管主力球員連續負傷，再加上葡萄牙籍總教練保羅・本托（Paulo Bento）領紅牌離場等諸多不利情況，但韓國國家隊所展現出的「百折不屈的心」已足以讓所有韓國人熱血沸騰。

這句奇蹟般的話語，出自電玩《英雄聯盟》（*League of Legends*）的韓國職業選手 **Deft**（金赫奎）。在這個以職涯短暫著稱的電競世界裡，金赫奎堅持了整整十年，一路保持亮眼戰績，卻總與世界冠軍擦肩而過。

他效力的戰隊DRX*也是如此。每逢《英雄聯盟》世界大賽開打，DRX總被視為實力最弱的隊伍。雪上加霜的是，首戰失利後，外界紛紛冷嘲熱諷，斷言他們很快就會被淘汰出局。然而，在首戰結束後，面對記者詢問戰敗感想時，Deft堅定地回答道：

「今天雖然輸了，但只要我們自己不崩潰，一定有機會反敗為勝！」

這段訪問經媒體報導，標題正是「重要的是一顆百折不屈的心」。奇蹟，就從這一刻開始。Deft和DRX戰隊勢如破竹，連戰皆捷。無論是衛冕戰隊，還是被看好奪冠的勁敵，都無法撼動他們的「百折不屈的心」。Deft更是用實際行動兌現了自己說過的話，成功高舉世界冠軍獎盃。

這句話帶來的奇蹟並未止於電競界，參加卡達世界盃的太極戰士——韓國國家代表隊球員同樣成了奇蹟的主角。在確定晉級十六強賽後，曹圭成選手在採訪中表示：「無論是落後或領先，每當我默唸那句話，我就能再多跑一步。」孫興慜選手也不吝讚美地說：「那句話影響了比賽走向，是非常帥氣的一句話。」重要的是一顆百折不屈的心。這句話中蘊含的魔力，帶領他們走向奇蹟般的耀眼勝利。

美國傳奇拳擊英雄穆罕默德・阿里（Muhammad Ali）也是典型例子。在他還是個籍籍無名的小人物時，他總把「我會成為最強的！我就是最強的！」掛在嘴邊，媒體當時只覺得他是個吹牛大王。不過，阿里的表現卻跌破所有人眼鏡。原以為他只是個愛耍嘴皮子的小毛頭，沒想到他竟然真的接連擊倒眾多職業拳擊高手。一九六二年，在與美國世界輕量級拳王阿奇・摩爾（Archie Moore）交手前，他放話：「我會在第四回合 KO 他！」而在隨後的比賽中，阿里果真在第四回合 KO 對手。

＊為韓國的電子競技俱樂部，前身為二〇一二年成立的 Incredible Miracle，二〇一八年改名為 KING-ZONE DragonX，二〇一九年起改稱 DRX。

在經歷幾年的空白期後，年屆三十的阿里重返賽場，他的話語依然有力。面對四十連勝的美國重量級冠軍喬治・福爾曼（George Edward Foreman），賽前，阿里再次預言：「為了證明我有多偉大，我會在第八回合結束比賽。」結果真如他所說，他真的在第八回合擊敗了比自己年輕七歲的福爾曼，取得勝利。

人們見證他不斷讓預言成真，嘴巴擁有改變現實的驚人力量，於是結合了他的家鄉之名，替他取了個綽號「路易維爾的大嘴巴」。當記者詢問獲勝祕訣時，他答道：「我有一半的勝利，不靠拳頭靠話語。」

我也親身體驗過言語的力量。小時候，我的父母在鞋廠工作維持生計。我們家一直都很貧窮，住在鐵路旁破舊的公寓，每天都要忍受震耳欲聾的火車聲。那時的我既沒有特別擅長的事情，也沒有任何夢想。

但媽媽總是不吝鼓勵我要「活得幸福」，我到現在仍謹記這句話，就像心中的基石一樣。

當我踏上專業講師之路，身邊沒有一個人看好我。因為我既沒有值得炫耀的學歷，也沒有出眾的外表。但在媽媽的鼓勵下，我始終抱持著樂觀的心態，在心裡不斷對自己喊著：

「總有一天，我一定要讓人們看到我成為明星講師的樣子。」

這句話成了強大的咒語，我原本連在偏鄉都接不到一場講座，經過不斷蛻變後成為全國知名的心理溝通術王牌講師。之後，我受邀到許多企業、機關與大學演講，也多次參加各種電視節目，並受邀出席全國各地的名人講座中擔任講者。

記住，隨口說出的話只會飄散於空氣，軟弱無力地消失。反之，**飽含真心的言語凝聚著強大的能量**，這股能量將一百八十度扭轉充滿絕望與失望的現實。我再次強調：**言語確實擁有改變現實的力量**。

02 科學實證：靠言語就能喚醒大腦潛能

Deft選手、拳王穆罕默德．阿里，還有我自己，都曾憑藉言語的力量，改變了現實。這一切是如何發生的？有人或許會嗤之以鼻，認為這一切不過只是巧合，但我認為這絕非偶然。言語中確實蘊藏著改變現實的力量，許多研究與理論都證實了這一點。

第一個理論依據，來自美國作家安東尼．羅賓*（Anthony Robbins）強調的神經語言程式學（Neuro-Linguistic Programming，NLP）。NLP理論認為，只要系統化分析人的言語和行為，再搭配特定技巧，就能有效達成目標。這個理論的核心是神經系統與語言的緊密連結。根據NLP理論，只要讓我們的言語變得正向積極，就能激發內在的卓越潛能。

NLP理論的基礎源自於大腦的運作方式。大腦本質上無法區分現實和想像的錯覺。因此，即便只是想像自己在吃檸檬，口腔內就會像真的吃檸檬一樣分泌唾液。同理，單純幻想與戀人深情接吻的畫面，也足以使大腦分泌會帶來愉悅感的激素。

大腦分不清現實與想像的最佳案例就是「安慰劑效應」（placebo effect），又名假藥效應，指的是當醫生善意欺騙患者，開了實際上無藥效的假藥，只要患者相信那是真藥，病情就會好轉的現象。

NLP利用大腦容易產生錯覺的特性，讓大腦徹底發揮潛能。而在這過程中扮演關鍵角色的正是言語。正如安東尼．羅賓所說：

> 只要我們有效選擇如實反映人生經驗的詞彙，就能喚醒充滿活力的情感。反之，若用詞不當，一個人的心靈可能瞬間變得荒蕪。儘管如此，大多

* 《喚醒你心中沉睡的巨人》（*Awaken The Giant Within*）作者。

數的人從不思考，隨意選擇自己使用的詞彙，在自身潛能的迷宮中如同夢遊者般盲目徘徊。我們必須有意識地選擇，只要學會睿智地選擇每一個詞彙，言語將爆發出強大的力量。

我們可以用言語巧妙地欺騙大腦。**當我們一遍遍重複充滿希望和正向的話語時，大腦就會逐漸信以為真**。言語的改變能激發出大腦深層的潛能，憑藉這股力量，即使身處困境，我們也能找到出口，並有所突破。如今，NLP正憑藉這種欺騙大腦的言語威力，被廣泛應用於心理諮商與治療、商業、人生教練、運動心理訓練等多種領域中。

言語力量的第二個理論來自於澳洲製片人朗達．拜恩（Rhonda Byrne）暢銷全球的作品《祕密》（*The Secret*）。拜恩表示，思想與物質皆具備各自獨特的能量和頻率，當我們強烈渴望某事物時，宇宙就會與該頻率產生共振，並具體實現。簡言之，強烈的渴望會吸引相同頻率的物質。書中的解釋如下：

> 想法是磁鐵，想法有頻率。當你有某個想法時，那個想法會傳送至宇宙，像磁鐵一樣吸引同頻的相似事物。所有被傳送出去的東西，最後都會回到原點，而那個原點就是你。

吸引力法則分成三個步驟。第一步是要清楚向宇宙下訂單；第二步是像是訂單已經實現一樣地行動、說話與思考；第三步則是想像訂單實現時，自己會有怎樣的感受。只要實踐這三個步驟，吸引力法則就會像阿拉丁神燈一樣，讓願望成真。

吸引力法則的核心關鍵是言語。當你準備前往某處時，若對自己說「這會是一次美好的經驗」，實際獲得美好經驗的機率會大幅增加。又或者在時間緊迫時，對自己喊話：「我一定能在時限內完成」，那麼如期完成的機率也會提高。

無論是 NLP 還是吸引力法則，不約而同強調了**如果想實現願望，就要相信言**

語的力量。言語的力量不只能激發內在潛能，也能吸引外在的力量。總而言之，言語的力量能夠改變自己與現實。

重點在於不能僅止於想法。必須懷抱強烈信念並說出口。如果你想徹底釋放潛能，主宰人生，那就真心依賴你的言語，將願望說出口。

03 你說的每句話，都是對人生下的預言

美國耶魯大學社會心理系教授約翰．巴奇（John Bargh）曾在一九九五年於紐約大學進行了兩項有趣的實驗。

第一個實驗是這樣進行的。巴奇教授將大學生分成兩組，要求其中一組學生使用十五個無禮的詞彙造句，如：具攻擊性、大膽、無禮、令人厭惡、干擾、侵犯等。另一組則被要求用有禮貌的詞彙造句，如：有禮貌、體貼、感恩、有耐心、親切、懂得讓步等。

當學生完成造句任務以後，巴奇教授說：

「一個個去辦公室找實驗負責人，領取下一個實驗任務。」

學生按照他的指示，走向指定的辦公室。然而，巴奇教授其實已經提前安排好

「共謀者」，正與負責人在辦公室假裝聊天。

當學生們抵達辦公室時，由於負責人正在和共謀者熱烈交談，學生無法立即領取下一個實驗任務，必須等待他們的對話結束。巴奇教授在暗中仔細觀察學生是否有耐心等十分鐘。

結果顯示，學生們的態度因所屬組別的不同，出現明顯的差異。那些使用無禮相關詞彙造句的學生缺乏耐心，屢屢打斷負責人的對話。其中能不打斷對話，耐心等十分鐘的學生比例僅三七％。相較之下，使用有禮貌相關詞彙造句的學生，能等的時間較長，足足有八二％的人能夠完整地等待十分鐘。

第二個實驗與前一個實驗類似。巴奇教授將學生分成兩組，其中一組使用十五個容易聯想到老年人的詞彙造句，如：擔憂的、年邁的、孤獨的、灰暗的、小心翼翼的、布滿皺紋的。另一組則使用十五個普通的詞彙造句，如：動作、偶爾、快速、愉快的、經驗豐富的、樂觀的等。

不久後，完成造句的大學生們陸續離開實驗室，到了走廊上。巴奇教授記錄了學生從實驗室走到電梯這段約九・七五公尺距離所需的時間。使用普通詞彙造句的學生平均七・三秒，而使用令人聯想到老年人的詞彙造句的學生，平均則花了八・二八秒。儘管所有參與者都是二十多歲的年輕人，但光是使用的詞彙不同，他們的行走速度就差了將近一秒。

為什麼會出現這種差異呢？原因在於，**僅僅是使用特定詞彙，就足以對大腦產生潛在的刺激**。那些讓人聯想到「老年人」和「無禮」相關的詞彙，會對大腦產生負面影響，導致行動變得遲緩或引發粗魯行為。反之，讓人聯想到「有禮貌」相關的詞彙，會對大腦產生正面影響，讓人更有禮貌地行動。心理學上將此現象稱為**「促發效應」**（Priming effect）。

即使實驗中用的是書面語，但換成口語表達，結果也不會有太大差異。**當人們說出負面詞彙或句子時，同樣會導致身體機能下降或引發負面行為，而說出正面詞彙或句子時，則會提升身體機能或促進正向行為**。

由此可見，**藉由言語的力量，我們能夠掌控自己的人生，將人生導向積極的方**

向。有一個人用自己的人生證明了這個理論，那就是被稱為「知識生態學者」的韓國漢陽大學教育科技系柳永萬（音譯）教授。通常大學教授走的是典型的菁英成長路線，但柳教授不一樣，他過去是技術高中畢業的焊接工人。正如他常自嘲的那樣，曾是「平凡無奇的技工」的他，某天在書店裡隨手翻開一本書，書中內容是一名司法考試合格者的心得，他的人生從那一刻起出現轉變。

書中描述一名技術高中畢業的技工意外考進法律系，奮鬥之後考過司法考試的故事。據說，當柳教授讀到書中那句「我能做到，你也可以」時，他不自覺地複述：「是啊，這個人能做到，我難道不行？」

從那天起，他戒了酒，也不再參加社交應酬。白天焊接，晚上埋首備考。經過一段工作與備考並行的艱苦時光，他順利考入漢陽大學教育工程系。雖然是「大齡入學」，校園生涯並不輕鬆，但他從沒說過「我做不到」。如今，柳教授順利取得美國佛羅里達州立大學的教育科技博士學位，現在回到母校教書，並出版了許多書籍。

《活出美好》（*Your Best Life Now*）一書的作者，美國傳教士約爾．歐斯汀

（Joel Osteen）曾說過：「**言語，就是對自己下的預言。**」他指出很多人常把「我不行」、「我做不到」、「我是成功絕緣體」之類的消極話語掛在嘴邊，不知不覺中將自己定義為失敗者。為了避免這樣的情況，他強調要使用正面的言語。如果期待自己的人生既具有建設性又充滿希望，就應該積極運用正向言語的力量。他向世人給出了叮嚀，現在讓我們反思一下自己平常的說話方式吧：

> 言語如同種子，說出口的話會在潛意識中生根發芽，結出和那話語相同的果實。當我們說出正向的話，人生自會朝著正面的方向前進，而負面的話只會帶來消極結果。整天說著失敗失敗，卻妄想活出成功人生，無異是天方夜譚。你種下什麼，就會收穫什麼。

04 言語暴力不只傷人，更會反噬自己

「你這個瘋子。」
「好好說就是聽不進去？」
「再來啊，有本事繼續囂張。」

Netflix影集《黑暗榮耀》中的反派角色朴涎鎮，對同校的文同珢和尹昭熙惡言相向，施以難以想像的言語暴力。這些充滿侮辱和輕蔑的言語，在年輕受害者心中留下了難以癒合的創傷。然而，朴涎鎮忽略了一件事：**粗暴無禮的言語不僅傷害對方，更會反噬說話者的大腦**。

二〇一〇年，美國哈佛大學醫學院馬丁・泰克（Martin H. Teicher）博士的研究

團隊發現，如果童年遭受過父母或身邊親友的言語暴力，孩子的大腦特定部位會出現萎縮現象。研究人員發現，這些受害者的大腦中，負責連接左右腦的胼胝體（Corpus callosum）和掌管情緒與記憶的海馬迴（Hippocampus），均呈現發育異常。

他們的大腦之所以無法正常發育，是因為皮質醇（Cortisol）——一種對壓力會產生反應的荷爾蒙。當言語暴力造成壓力時，腎臟會分泌皮質醇，導致呼吸加速、血壓升高，讓我們的身體能應對當前壓力。然而，長期過量分泌皮質醇將妨礙大腦發育。因此，長期暴露在言語暴力環境下的人，他們的胼胝體和海馬迴會比正常人小。

不僅如此，言語暴力還可能導致多種心理疾病，如：憂鬱症、焦慮症、自律神經失調、人格障礙症等。韓國保健情報統計學會曾以某企業的一百七十六名員工為對象，探討言語暴力經歷與其心理健康分數（GHQ分數）之間的關係，分數越高代表心理狀況越差。結果顯示，遭受過言語暴力的受害組（四九．四）比未曾遭遇言語暴力的非受害組（四四．一八）高出五分以上。這項數據清晰地揭示粗暴的言語是足以摧毀大腦的凶器。

那反過來說，有沒有什麼說話方式，能讓大腦「起舞」呢？如果言語會對大腦造成負面影響；反之，應該也有能產生正面影響的言語吧。事實上，的確有些話語，能為大腦產生正面影響。

「我愛你。」

「謝謝你總是全力以赴。」

「你知道的，我會一直在你身邊支持你的。」

這些充滿愛的言語會讓聽者的大腦翩翩起舞。這歸因於一種叫作「催產素」（Oxytocin）的荷爾蒙。催產素又被稱為「愛情荷爾蒙」，能減少憤怒和焦慮，讓人感到幸福。韓國精神科醫學博士李時炯在著作《催產素的力量》（옥시토신의 힘）中便強調了催產素的重要性：

> 當體內催產素的濃度越高，你看待世界萬物也會越充滿愛，會覺得萬物都是可「愛」的，催產素堪稱世界和平的使者。

那麼，要如何才能分泌大量的催產素呢？關鍵就是**與你愛的人眼神交流，彼此交談。這種交談當然必須是充滿愛意的正向言語，不能是粗暴或羞辱的言辭**。因為只有在獲得情感支持或進行愉快對話時，才能使催產素大量分泌。

二〇一四年《哈佛商業評論》（*Harvard Business Review*）刊登的〈正向對話的神經科學〉（The Neurochemistry of Positive Conversations）一文作者，美國學者朱迪絲・葛雷瑟（Judith E. Glaser）和美國作家理查・葛雷瑟（Richard Glatzer）也持相同觀點：**正向開放的言語能促進催產素分泌**。

此外，**安慰、鼓勵和讚美也能促進催產素的分泌**，還被證實能提高「對話智商」（Conversational Intelligence）。所謂的對話智商是指，連結人際關係，並促進共同成長的能力，能幫助人們進行更創新、更富有創造力和同理心的對話，是人際互動中最獨特且重要的能力。換言之，**負面的對話會促進皮質醇的分泌，降低對話智商，而正面的對話則有助於催產素的分泌，並提高對話智商**。

如此看來，負面的表達方式不僅會傷害聽者，同時也會使說話者本身分泌有害健康的荷爾蒙。反之，正面的表達方式能讓聽者與話者的大腦「起舞」。使用正面的言語，於人於己都有益。

05 光說還不夠，如何才能「出口成真」？

平時口頭上說「我會成功的」這類話，並不能保證事事順利，重點在於，**話語中必須帶有強烈的渴望和堅定的信念**。以下是幾種特別有效的方法，能讓話語「出口成真」。

第一種方法是「自我暗示」。對著鏡子勾勒未來的自己，對自己下暗示：**在腦海中描繪理想的自我形象或情境，用一句話表達並反覆默唸**。將目標量化為具體數字反覆默唸也是個好方法。自我暗示時，務必要使用現在式，例如：「我正在做……」、「我正成為」等。這樣比用未來式更有效果。

第二種方法是「自我對話」。透過**檢視自己的狀態**、**完全接納當下的情緒，並轉為正面能量，有助於提升成就感與自制力**。

實現自我對話的方法有三種。首先，是**向自己提問並回答**。這被稱為「提問與行動效應」。比起單純下決心說「我要努力運動」，改為問自己：「你會努力運動嗎？」然後回答：「會，我會努力的。」這樣做，更能提高實現目標的機率。

這項發現源自美國加州州立大學、紐約州立大學、華盛頓州立大學、愛達荷大學的聯合研究。研究團隊綜合分析了過去四十多年間發表的一百多篇心理學研究，其中特別關注「運動決心」實驗。該實驗以大學生為對象進行，其中僅有一四％受試者能持續運動。為探討提升運動堅持度的方法，研究團隊設計了一項任務，要求受試大學生自問：「你能堅持運動兩個月嗎？」再給予自己肯定的答案：「我可以。」兩個月後的追蹤結果顯示，效果超乎預期，堅持運動的人比例上升到二六％。加州州立大學艾力克・施潘根貝格（Eric Spangenberg）博士補充道：

> 雖然提問形式簡單，但這個方法在各種領域都能讓行動有重大且持續的改變，且影響深遠。

實現自我對話的第二種方法是，**用第二人稱與自己對話**。舉例來說，比起說「我能減重成功」，不如對自己說「某某某，你一定能減重成功」會更有效。

這一發現來自美國伊利諾大學心理學系研究團隊。研究團隊對一百三十五名大學生進行「自我對話與自制力研究」。經過兩週的追蹤調查，研究團隊發現，使用第二人稱「你」下定決心的學生，在遵守運動計畫上的表現，明顯優於使用第一人稱「我」下定決心的學生。研究負責人美國教授桑達・多科斯（Sanda Dolcos）指出，第二人稱對話能提升目標達成率的原因如下：

經常與自己對話的人展現出更強大的自制力，持續的自我對話能幫助他們時刻意識到自己想達成的目標，有助於堅持原定的計畫。特別是用第二人稱稱讚自己的時候，激勵效果會更好。因為這種方式能喚起童年時，他人給予支持與鼓勵的正面記憶，激發更強烈的動機。

實現自我對話的第三種方法是，**深刻牢記並時常默唸你認為是榜樣或人生導師的座右銘，或是足以成為你人生座右銘的名言**。每一位社會成功人士都有自己的座右銘或名言。那些座右銘或名言飽含對成功的渴望，支持他們遇到困難也堅定不移，勇往直前。通過借鑒他們的座右銘，我們同樣能獲得突破困境的勇氣。

然而，前述三種辦法不是隨便用就保證有效。根據說話方式的特點，每種辦法都有適合使用的情境。

自我暗示適合用於想要達成中短期目標。通過自我暗示逐步達成階段性小目標，持續累積「小成功」的經驗，能有效增加長期目標的實現率。

至於自我對話則更適合用於人生的轉捩點。例如，當你對人生產生迷惘、陷入低潮期等。透過自我對話，你可以更客觀地審視自己的情緒和所處狀況，深入反思，這能訓練自制力，提高目標實現率。

最後，座右銘適合用在制定人生長期方向。善用座右銘的力量，能幫助你心無旁騖地朝著單一目標邁進。

透過這些不同的表達方式，不僅能在生活中獲得正向言語的效果，獲得元氣滿分的生活，還能藉由設定目標和自我激勵，成為充滿熱情和自信的人。不僅如此，你還能分享正向能量給身邊的人，提升他人對你的好感度。這麼棒的方法，沒道理不試試看吧？

06 改掉負面說話習慣的十種正向表達

「明明想用正向的語氣說話卻總是做不到，該怎麼辦才好？」

提出這類問題的人，遠比我們想像的還多。他們心裡很清楚正向語氣能帶來的好處，但實際要說的時候卻說不出口。這是因為使用負面語氣已經成了習慣，即使想改變說話方式，卻總感到彆扭，甚至因為擔心旁人用異樣的眼光看自己，而輕易放棄。這也解釋了為何那些習慣抱怨和不滿的人，在日常中很難自然而然地說出正向話語。

要改掉負面的說話習慣，第一步要先掌握自己平常的說話方式。你可以記錄自己每天使用負面語氣的次數，自覺地減少次數。也記錄自己使用多少次正面語氣，並努力增加次數。如果嫌麻煩，可以用小筆記本寫「說話語氣」日記，或透過手機檢查今天一天在通訊 APP 和社交軟體上使用的語氣。

但是切記，不要一開始就設定太高的目標，持之以恆才是關鍵。在這裡，我想推薦一個簡單有效的方法：**訂定替代說法**。首先，**從你日常生活中最常用的負面表達中，選出其中一種，然後針對會出現這種負面表達的情境，預先決定好替代的正向表達，之後，每當那句負面的話即將脫口而出時，立刻提醒自己換成事先準備好的正向表達**。

一開始感到不太自然是正常的，但只要持續練習，很快就能習慣用正向語氣說話，甚至反而會覺得負面表達很尷尬。一點一滴地改變說話方式，不知不覺中，你會發現自己已經能自然而然地用正面的方式表達。

要有效使用替代表達方式，關鍵在於，熟練掌握將負面表達巧妙轉換成正面表達的技巧。因為在決定替代表達時，可能很難立刻想起要怎麼修改原來的表達方式。所以，我特別整理了一份常見的替代表達表。如果你在制定替代表達時卡關，不妨參考一下。（見表 1）

為了養成正向表達的習慣，大家可以參考美國開國元勛班傑明・富蘭克林（Benjamin Franklin）的故事。沒接受過正規教育的他，每天在筆記本上記錄「優秀人才必備的十三種美德」，並每日自省與自我管理。他看重的十三項美德是：節制、沉默、規律、果斷、節儉、勤勉、誠實、公正、中庸、清潔、平靜、貞潔、謙遜。正是因為持之以恆地實踐這些美德，使得他在哲學、科學、政治等多個不同的領域都取得了舉世矚目的成就。

表 1　正向用語轉換表

負面表達	正面表達
煩躁	有趣
麻煩	不困難
不想做	做了會有所改變
做得要死	做了反而好
好累	沒事的
以後再做	決定好什麼時候做吧
這種事為什麼發生在我身上	這種事可能發生在每個人身上
反正不行	試試看吧？
要做到那種地步嗎？	找其他方法吧？
我再也做不下去了	要怎麼做才能得到好結果呢？

五十多年來，我始終堅持在筆記本上記錄這十三種美德，並每天檢視自己是否實踐。每週我都會專注於其中一項。多虧了這本筆記本，我才能一直走在幸福的人生道路上，我想將這個方法分享給後代子孫。

讓我們見賢思齊，效法富蘭克林每天檢視自己的言語習慣。最重要的是持之以恆。俗話說「千里之行，始於足下」。不妨從今天開始，選擇一種替代語氣，並付諸實踐，如實記錄成效。只要持續累積這樣的經驗，自然而然會發生變化。再強調一次，重要的是**持之以恆**。

07 創造正向思維的十大金句

我不會讓自己的心生病，也不會去憎恨、猜忌或嫉妒別人。我會做個積極正向的人。

這段話是韓國熊津集團（Woogjin Group）尹錫金會長的著作《突破自我的力量》（나를 돌파하는 힘）中，「我的信條」的一部分。他特別強調積極正面這一點，而「我的信條」其他內容，也同樣充滿正向態度：

我對自己的能力充滿信心，堅信自己必能克服任何困難或磨難……我將讓我的行動和言語充滿積極，表情開朗……無論我多少歲，我都會保持二十歲的青春活力……

由此可見，尹會長比任何人都更了解正向的力量，並奉為信條，堅持實踐。他用自己的人生，親身證明了正向心態的力量。

在創業前，尹會長是《大英百科全書》韓國分公司的業務人員。當時，他創下了全球分公司的最佳業績。靠着這份卓越的能力，他勇敢創業，正式進入商界。他將熊津集團發展成擁有三十二家子公司的企業集團，並在二〇一一年躍升為韓國富豪第三十一名。他將自己的成功歸功於「正向思考」：

正向思考，就是即使身處困境，也能保持克服困難的意志力，並堅信自己能做到。

如同這句話傳達的訊息一樣，**無論想在哪個領域取得成功，都需要具備正向心態**。換句話說，缺乏正向心態的人與成功無緣。美國作家拿破崙・希爾（Napoleon Hill）在《吸引力法則》（*The Law of Attraction*）書中也強調，正向心態是通往成功之路的必要條件。他指出，從不懷疑自己會成功的正向心態，能啟動「吸引力」的力量，將成功願景轉為現實。他說：

> 當潛意識和正向思維相遇時，就會啟動「吸引力」。成功的人相信自己最終會成功，總是相信自己能實現目標。即使犯錯、失敗或有小失誤，也不會因此分心，而是熱情不減地繼續追求目標。他們不僅僅是希望成功，而是用心感受、相信並實踐成功。這類人會吸引正向思維，喚醒宇宙和神的強大力量。

那麼，要如何培養正向心態呢？我們可以參考白手起家的美國企業家理查・狄維士（Rich DeVos）的著作《扭轉人生的十句話》（*Ten Powerful Phrases for Positive People*）。他從學生時代就開始經營漢堡攤，也做過飛機租賃業務、遊艇生意等，後來共同創立了安麗日用品公司（Amway）。如今，安麗已經成長為販賣健康食品、化妝品、生活用品及家電產品的全球企業。

理查・狄維士認為，我們習慣性脫口而出的話語會塑造正向思維。換言之，如果**有意識地把平時說的話改為正面表達，思考方式也會隨之變得正面**。正向的言語會成為吸引成功的咒語，根據他的說法，正向的人用言語創造正向思維，其中具有強大力量的十句話分別如下：

1. 我錯了。
2. 我很抱歉。
3. 你一定辦得到。
4. 我相信你的能力。

5. 我以你為榮。
6. 謝謝你。
7. 我需要你。
8. 我信任你。
9. 我尊敬你。
10. 我愛你。

熊津集團尹錫金會長與安麗創辦人理查．狄維士，都是從底層爬到成功企業家地位的人物，他們之所以成功，都源於一個共通特質——正向思維。正是這種心態，讓他們突破自我設限，不斷挑戰自己。如果他們缺乏正向思維，很可能遇到巨大困難時就會放棄。然而，每當遇到困難，他們總是憑藉正向的力量，走向成功。每個人都渴望成功，為了摘下那顆甜美的成功果實，不妨每天練習這十句能創造正向思維的話語吧！

★ 第 2 章 ★

培養自信的
換句話說習慣

「最重要的是言語。
而最重要的言語是，你對自己說的話。」

——大衛．泰勒－克勞斯（David Taylor-Klaus），
美國創業教練

08 幸福不必外求，而是由自己定義

「沒什麼值得開心的事，所以我才覺得自己不幸福。」「看不見未來，還談什麼幸福……」當被問「你幸福嗎？」的時候，很多人會給出類似的負面答案。他們總是計較幸福的條件，試圖用理性解釋當下為何不幸福。明明沒人逼迫他們這麼想，他們卻將自己的不幸視為理所當然，並哀嘆自己注定要度過悲慘的人生。

然而，幸福並非來自外在條件，而是自己送給自己的禮物。當你意識到這份禮物的存在，並親手拆開它的那一刻，無論你身處何種環境，都能感受到幸福。因為幸福早已存在我們的心中，差別在於有些人至今尚未發掘出它，有些人則早已察覺到它。

人們經常羨慕身材高挑的人，抱怨自己的身高。「要是我再高十公分，不，就算再高五公分，我就心滿意足了。」但想像一下，如果你只有六十三公分高，不是一百六十三公分，是六十三公分，你會是什麼感受呢？

這說的就是印度女性喬蒂・阿姆奇（Jyoti Amge）。她身高僅六十三公分，體重不過五公斤，現為金氏世界紀錄「最矮女性」紀錄保持人。從她異於常人的身體條件可以看出，她的人生絕不順利，甚至從出生前就注定坎坷。

早在胎兒時期，雖然母親的孕期已到九個月，但肚子裡的她卻毫無動靜，最後只能依賴手術才讓她勉強來到人間。雪上加霜的是，由於她天生患有軟骨發育不全症，導致她的身體滿一歲後就停止了生長。當時替她診治的醫生們一致斷言：這孩子命不長久。

但喬蒂和她的家人從未放棄希望。結果她不僅健康地活了下來，更成長為聰慧與堅強並存的女性。在接受各大媒體採訪時，她總是滿懷自豪地表示，以自己的嬌小身軀為傲，她帶給許多人希望與感動。此後，她更憑藉自己獨特的身體條件，在多部影視作品中塑造出無可取代的角色，用自信堅定的人生態度過着幸福的人生。

此外，在新冠疫情肆虐的二〇二〇年，她善用自身知名度，呼籲印度民眾嚴格遵守社交距離規範，毫不保留地發揮正面的社會影響力。縱使身處生命隨時受到威脅的嚴峻環境中，她依然成功地爭取了幸福，為世人散播希望。

從喬蒂・阿姆奇的故事，我們能夠學習到在逆境中爭取幸福的訣竅，那就是**與其一味掩飾、隱藏自己的弱點，不如將其變成自身獨一無二的特點**。還有另一個人物也在生活中實踐了這個看似簡單，實則不易的訣竅。

那就是創造出「八十歲也擁有二十顆健康的牙齒」、「秀出來吧，秀！」等膾炙人口的廣告金句，被譽為行銷界活着的傳奇——韓國曹瑞煥行銷集團的曹瑞煥代表。令人驚訝的是，這位廣告鬼才沒有右手。曹代表在服役期間不幸遭遇手榴彈爆炸意外，醫生從他的頭部取出了多達二十四片的彈片碎片，勉強保住了他的命，但他卻也因此失去了右手，且年輕時就渴望成為軍官的夢想，也被炸得支離破碎。

退伍後，為了維持生活開銷而開始求職的他，接連遭遇了數十次的挫折。畢竟沒有公司會輕易雇用失去右手的身心障礙人士。在接連碰壁後，他不得不在面試時，隱瞞自己是因公負傷退伍的國家功臣身分，但敏銳的面試官還是看出了他的右手是義肢。就在面試被叫停，眼看要被趕出去的重要關頭，他這麼說：

擁有雙手的人寫字時，也只用一隻手寫！我和他們沒有任何差別！難道衡量工作能力只看有沒有手？重要的是責任感！其他公司都不願意雇用我這種身心障礙者，我已經走投無路了！

換作常人，恐怕在自己的缺陷被當場識破的瞬間，早已垂頭喪氣地奪門而出。但曹瑞煥代表不一樣。他將自己殘缺的右手視為展現責任感的徽章，而非肢體缺陷。面試官被他機智的臨場反應和勇氣打動，重新開始面試。曹瑞煥代表表現的從容不迫，與面試官對答如流。沒過多久，他的名字堂堂正正地列入了合格者名單。

喬蒂．阿姆奇和曹瑞煥的故事，不禁讓人想起俄羅斯文豪杜斯妥也夫斯基（Fyodor Dostoyevsky）的名言：

人之所以不幸，是因為他不知道他是幸福的；僅僅是這個原因。這就是一切，一切！任何人只要領悟了這個道理，他立刻就能變得幸福。

幸福不是被推遲到未來的東西，也不受外在環境左右，而是此時此刻就存在於我們的心中。那些將自己定義為不幸的人，只是尚未發現這個事實罷了。所以，請大聲宣告：「我很幸福」或「我現在是幸福的」。讓原本因沮喪而畏縮的大腦能伸個幸福的懶腰，如此一來，自尊心會變得堅強，真正的幸福也會到來。

為了幫助大家做到這件事，本章特別準備了一些正向言語，幫助你在任何情況下，都能建立健康的自尊。像是提升自尊的優點朗讀法、名言複述法、說出感謝的話等。同時，本章也會介紹如何將打擊自尊的負面言語習慣，轉化成正向言語習慣。

09 接受自己的特質，缺點也能變優點

「我是個一事無成的失敗者。」這句話是我在某所大學講座上遇到的，一位正在求職的女學生說的，她說自己已經經歷多次面試失敗。講座結束後，她向我請求諮詢。原來在演講中聽到我分享的失敗和挫折經驗後，希望學習如何在逆境中保持正向心態。我輕拍她的背，給予鼓勵：

「我也失敗過許多次，有時甚至沮喪到想放棄一切，但轉念一想，還沒嘗過成功的滋味就放棄，豈不辜負了一直以來的努力。這樣的念頭讓我重新振作，決定再試一次。每個人都有自己的優點，只要你專注於自己的優勢，磨練實力，機會一定會到來的。」

接著，我給了她一個建議，我請她列出自己的二十個優點並朗讀出聲。她頓時露出困惑的神情，表情顯然缺乏自信，好像質疑著「我哪有二十個優點這麼多？」也像在想，即使勉強列出一些不存在的優點，真的能改變什麼嗎？

儘管她充滿疑慮，我還是鼓勵她寫下優點。其實，這是我在其他講座中經常使用的方法。每當我主講「自尊」相關的主題時，總會邀請現場聽眾寫下二十個自己的優點並朗讀出來。就像這位女學生一樣，聽眾們一開始都不太情願，對這個方法存疑。然而，當他們列出自己的優點之後，全場的氛圍會產生一百八十度的轉變。

「我竟然有這麼多的優點！」

「我從來沒發現自己有這些珍貴的特質。」

不只如此，我還會請大家站起來，逐一讀出自己發現的優點。這時，有些人的眼眶甚至會微微地泛紅。那個每當面對不確定的未來時，就感到焦慮、卑微，又覺得本身一無是處的自己，竟然還有從沒發現的一面。

其實，**我們的大腦比起正向思考，更熟悉負面思考。一有機會就會貶低自己。根絕這種習慣最有效的方法是，有意識地反覆朗讀自己正向的一面，也就是個人優點**。

《實現夢想之法》（*Wishcraft: How to Get What You Really Want*）的作者，美國職涯教練芭芭拉．歇爾（Barbara Sher）表示，大多數人的腦海中，負面自我評價就像壞掉的錄音帶一樣，不斷重複播放，向我們灌輸「我是個無能的人」。反之，能播放充滿自信和確信的正向錄音帶的人，少之又少。她強調，發現並相信自己優點的重要性：

唯有堅定不移相信自己優點的人，才能建立起客觀、真實的自我形象。當擁有這樣的自我認知時，才能設計出富有創造力的精采人生。因此，當負面錄音帶頑強地在腦海中重播時，我們必須準備好能壓過它的正向錄音帶。

高山上有筆直挺拔的樹木，也有歪七扭八的醜樹。在木匠眼中，彎曲的樹木因為無法拿來當木材，因此毫無價值。但從樹的角度來看就不一樣了。筆直生長的樹因為用途廣泛，反而容易被砍伐，而那些彎曲的醜樹卻能躲開斧頭，安然度過「樹生」。從樹木的立場來看，看似醜陋不堪的彎曲樹幹，反而成了它們的生存優勢。

就像前述的例子告訴我們的：**是優點或缺點，全看如何解讀**。根據我們看待自己的方式，那些原本被當作缺點的特質，也能轉化為優點，成為自己的專屬特色。例如，許多人會因外表或身材，像是圓潤的身材、沙啞的嗓音、臉上的雀斑等，而感到自卑，並想方設法遮掩。但是，這些看似缺陷的特質也能成為魅力點。看看荷蘭超級名模勞拉・斯通（Lara Stone），她沒有矯正門牙牙縫，反而善用自身特徵，展現獨特的氣質，成為了獨一無二的超級名模。

從前述例子，我們可以明白，優缺點取決於認知方式。**要培養出能將自身特質視為優點的堅強心態，就必須戒掉盲目與他人比較的習慣**。因為你與他人，本就不是能用單一標準評斷的。

一旦開始將他人的成功和自己的處境比較，自尊心難免一落千丈。不過，若能放下比較的尺規，坦然接受自己的特質，就能慢慢建立對自己的信任與尊重。這世上沒有只有缺點的人，只有還沒察覺到自身優點的人。

創造出「五維學習法」的韓國博士元東淵（音譯），在《幸福老年的人生學》（해피 엔딩 노년의 인생학）一書中提到：

> 正是因為無法珍惜自己，才會看不見自身的優點，也無法真心欣賞他人的優點，導致無法建立健康的人際關係。並不是因為自己沒有優點才無法珍惜自己，而是哪怕擁有巨大的優點，但因為內心缺乏對自己的珍惜和尊重，才會看不見這些美好的優點。

如果你認為自己是差勁、無能的失敗者，請暫時放下對自己的不信任，傾聽內心的聲音吧。越是輕易被外界的閒言閒語動搖，就越容易感到自卑。你可以坐在書桌前，將自己的優點寫在紙上，對着鏡子大聲讀出來。你讀得越大聲，就越能感受到自尊心正在茁壯成長。

10 找出一句能陪你度過難關的金句

這個世界從來不是只有溫暖的陽光和絢爛的彩虹，如果沒有堅持的勇氣，就只能跪著度過一生。人生就是一場混戰，重點不在於你打出的拳頭力道有多沉重，而在於承受無數拳頭後仍能一步步向前走。

這段台詞出自美國拳擊電影《洛基》（*Rocky*），也是韓國人氣動作演員馬東石銘記於心的名言。他從小就迷上《洛基》，也開始懷抱成為電影演員的夢想。為了成為像美國席維斯．史特龍（Sylvester Stallone）那樣的動作演員，他開始學拳擊。據說他從那時起，就將這部電影的經典台詞牢記在心。

然而，由於家道中落，他們全家移民美國，他也只好暫時放下演員夢。為了賺學費和生活費，他只能拚命打工，儘管生活艱難，但成為演員的渴望始終不滅。大學畢業後，他成為小有名氣的健身教練，但他內心深處的演員夢猶存。因為兒時牢記在心的《洛基》名言，始終在他腦海中盤旋。

最後，他靠著想當演員的那股信念，毅然決然地回到韓國。然而在試鏡現場，電影業界人士看到他的壯碩體格，紛紛搖頭，一致認為這種外型不吃香。但是他沒有放棄，一路從臨演、配角做起，參與了六十多部電影的拍攝，一步步地拓展屬於自己的舞台。

時光荏苒，二〇一七年，由馬東石擔綱主演的電影《犯罪都市》突破六百八十萬觀影人次，他一舉成為韓國電影界最炙手可熱的演員。正如當年席維斯·史特龍飾演的《洛基》主角那樣，馬東石將自己的成功祕訣歸結為：

「若想迎接新的挑戰，我們該準備的並非如何取勝，而是要學會如何挨打。即便明知注定失敗，我也已經下定決心，一定會堅持到最後一刻。」

他之所以能在無數試煉中重新站起，正是因為他始終未曾忘記兒時牢記的《洛基》經典台詞。憑藉這句座右銘淬鍊出不屈不撓的意志，他成為了如「洛基」般耀眼的電影演員。

韓國饒舌歌手李尚敏的人生同樣充滿戲劇性。他年僅二十二歲時，作為人氣團體 Roo'ra 的成員大放異彩。然而，因為事業投資失敗，他一夕之間背負六十九億韓元（約新台幣一億五千萬元）的巨額債務。而幫助他撐過困境的，是一句偶然聽到的名言：

困境中哭泣是三流之輩；困境中忍耐是二流之輩；唯有在困境中依舊能微笑的，才是一流人物。

他每天都反覆默唸這句話，十七年來如一日地認真還債。他認真的態度，讓債主都忍不住叮囑他保重身體。現在，他即將償還所有債務，正準備迎接新的開始。

在旁人看來，馬東石和李尚敏他們兩人就算選擇放棄也不足為奇，但他們卻堂堂正正地戰勝重重逆境，成功逆轉人生。這究竟是如何做到的呢？答案就是他們內心裡名言的力量。**名言並非華而不實的空泛言辭，其中蘊含著放諸四海皆準的人生智慧**，只有能將名言中的智慧化為己用的人，才能百分百發揮名言的力量。

就我個人而言，最令我印象深刻的名言是美國蘋果公司創辦人史蒂夫・賈伯斯（Steven Jobs）在史丹佛大學的畢業演講。儘管他經歷無數失敗，卻從未停止創新挑戰，因此被譽為創新天才。我一直以來都深深地敬佩著他，我總是能透過他的名言，獲得克服內心倦怠的勇氣：

三十三年來，我每天早晨都會攬鏡自問：「如果今天是我人生的最後一天，我還會做今天原本打算做的事嗎？」如果連續好幾天答案都是否定的，我就知道，是時候做出改變了。

每當我反覆咀嚼這段名言，就能感受到自己變得更加堅強。它讓我學會區別生命中重要和不重要的事物，並培養出一旦設定目標，就義無反顧前行的動力。

所以，我也鼓勵你去找到一段屬於自己的名言。無論那是來自你喜愛的影視作品中的經典台詞，還是曾經在某一刻打動你的書中隻字片語，或者是你視為榜樣的人說過的話。找出一句能給你勇氣，陪你走過人生難關的金句，當作你的專屬名言吧。

每當你真心咀嚼名言時，你將重新獲得不被打倒並能直面困境的勇氣。你所選出的名言，將成為一座燈塔，為你照亮人生航程中的驚濤駭浪。

11 積極與消極的成功黃金比例

沒受過正規教育、體弱多病、出生於貧窮的家庭，這些正是我最大的幸福。

這句話出自日本松下電器創辦人松下幸之助，他被譽為「經營之神」的。他的成長環境相當坎坷。他生於貧窮家庭，從小就體弱多病，就連小學都沒畢業。換作其他人很可能會度過怨天尤人的一生，但他卻不同。

他反將自身弱點視為成長的動力，關鍵在於用「多虧」這種正向表達，取代負面的說話方式。他常說，多虧我沒受過完整教育，才更有求知慾，燃起了學習的熱情。他一輩子都離不開書本，成為企業家後，更是展現出學校裡學不到的智慧和洞察力。

此外，他也表示多虧體弱多病，才真正明白健康的重要性，嚴格地自我管理，活到了九十五歲。不僅如此，他還說多虧貧窮，他領悟到金錢的珍貴，也養成了勤儉的習慣。正是靠著這些思維轉換，他成為日本最受敬仰的企業家。

由此可見，習慣說「因為……所以我失敗了」和習慣說「多虧……我才能成功」的人，在面對同樣的處境時，心態會完全不同，而心態上的差異，最終導致結果的差異。

「因為」這個詞，主要是將責任推給他人或環境，常用來為自己找藉口。經常使用這種表達方式的人，對事情的看法通常負面又悲觀。例如，當父親失業時，這種人會說：「因為我爸失業，我沒有後援了，所以注定與成功無緣。」而當求職失敗時，他們會說：「我就是人生失敗組，這一切都是因為這次找工作失敗害的。」

相反地，**「多虧」一詞則是懷著感恩的心去接受既定環境**。經常使用這個詞彙的人看事情多持正面和樂觀的態度。面對父親失業，這種人會說：「多虧爸爸失業，我才有機會審視自己和人生。這是漫長人生中必經的寶貴經驗。」那麼，能將困難和逆境視為人生養分的，究竟是前者還是後者呢？

中國宋朝學者程頤曾論人生三不幸。第一種不幸是「少年登高科」，指的是年紀輕輕就通過科舉考試，平步青雲；第二種不幸是「席父兄之勢為美官」，指的是依仗父兄權勢；第三種不幸是「有高才能文章」，指的是擁有卓越的才能和文采。

不覺得奇怪嗎？這些不都是人人夢寐以求的幸福條件？年輕時功成名就、家族顯赫、具有過人才華，為何反成不幸？程頤解釋說，少年得志容易滋生傲慢；依仗父兄的光環則會招致怠惰；而恃才傲物，終落人後。他強調比起這些外在條件，更**重要的是不懈努力和內在修養，持之以恆地磨練與精進自己**。

由此可見，**左右人生的絕非僅有環境和條件，更在於接納這些外在因素的心態**。無論身處何種處境，以積極樂觀的態度接受一切的心態，格外重要。而「多虧」這樣的正面言語習慣能培養這種心態。只要常說「多虧」，縱使身陷不幸之中，也能發現突破困難和逆境的出口。

美國北卡羅來納大學心理系教授芭芭拉・弗雷德里克森（Barbara Lee Fredrickson），在進行與「積極」相關的實驗時，發現一個規律：過著平凡人生的人，其積極與消極態度的比例介於一比一或二比一之間；而過著成功人生的人，該比例則高達三比一。

這一規律同樣出現在企業和夫妻之間。例如，業績最好的團隊，積極與消極態度的比例高達六比一；而恩愛夫妻的比例則達到五比一。根據這些實驗結果，弗雷德里克森教授得出結論：「無論成功的人、企業或夫妻關係，積極與消極態度的比例大致在三比一之上。」是以「**積極與消極態度的三比一比例**」，被確立為帶來成功的黃金比例。

在《積極情緒的力量》（*Positivity*）一書中，弗雷德里克森提到：

> 努力使積極和消極情緒的比例至少超過三比一，這代表每經歷一次消極情緒，需至少用三次的積極情緒達成平衡。這個比例正是判斷成功與衰敗的

轉折點。就像飲食建議一樣，這是我開給你的情緒健康處方。同樣地，就像飲食建議一樣，你無需時時刻刻都遵守這一比例，只需努力確保在數日、數週的時間裡，要達到或超過這個比例。

我也明白身處人生低谷時，說出「多虧」二字談何容易。但縱使如此，我們也不應讓「因為」這種負面言語充斥人生。所以，**請牢記「三比一的成功比例」，並檢視自己平日的說話習慣**。每當你說一次「因為」，就要有意識地說三次「多虧」。僅僅做到這一點就已足夠。人生的變化就是從小處開始。

12 這樣說，讓你化困難為成長

「我憂鬱到什麼都不想做，連輕生的念頭都有了。」「事情不順，讓我非常生氣。」在演講時，我經常遇見這樣抱怨的人。當憂鬱和憤怒完全占據內心時，這些情緒終究會變成箭矢，射向自己或他人。無論箭頭指向哪方，結果都注定是一場災難。因為射向別人會破壞人際關係，而射向自己則會傷害自尊。

此時，如果只是對自己說「憂鬱症會消失」、「我沒有生氣」這種空泛的自我暗示，往往難以產生實際效果。畢竟情緒已經出現了，伴隨而來的荷爾蒙分泌等生理變化也已經發生，在這種情況下，一味否認，對事情毫無幫助。

明智應對憂鬱與憤怒的關鍵，在於要學會全然接受當下的現實，但同時不能被現實左右。如果我們不敢面對那些令人難受的現實，只會含糊地用「沒事，一切會好起來的」來安慰自己，這種做法只是逃避，根本無法解決問題。這種應對方式讓我們無法制定切實可行的對策，負面情緒反而會不斷滋生。所以，我們**真正需要的是：一方面誠實面對現況，一方面把困難當作成長與突破的契機**。

為此，韓國壓力免疫學家邊光鎬博士建議，當遇到壓力情境時，不妨對自己說「沒事的，沒關係，冷靜下來好好想想！」來調適心態。這句話能幫助我們不逃避現實，也不誇大困境，在傾聽內心的同時，尋求合適的對策。

這種現實樂觀主義帶來的效果被稱為「史托克戴爾矛盾」（Stockdale Paradox）。這個心理學用語源自美國海軍中將詹姆斯・史托克戴爾（James Bond Stockdale）的真實經歷。越戰期間，當時還是中校的他在一九六五年不幸被俘，八年後才回到家鄉，而與他一同被囚禁的士兵大多未能生還。

史托克戴爾之所以能生還，關鍵在於他對現實的清醒認知。其他士兵總抱著「聖誕節前就能回家」的虛幻希望，然而，那些美好希望屢屢落空。無視殘酷現實的逃避式信念毫無用處。被囚禁的士兵相繼陷入「明年復活節前會被釋放」、「感恩節前一定會被放出去」等沒有根據的幻想。結果，不但落空，更讓他們陷入深深的空虛感和失落感，求生意志急劇下降，甚至性命也沒保住。

然而，史托克戴爾中校拋棄虛幻的希望。他沒有逃避酷熱、飢餓與酷刑等殘酷現實，而是坦然接受，直視現實，並為了生存，想辦法讓自己的身心變得更加強大。正是這種態度，讓他在長達八年的戰俘營中頑強存活，平安返回故鄉。

如果你經常感到憂鬱和憤怒，不妨效法史托克戴爾的思維。如前所述，常陷入憂鬱和憤怒的人，自尊感偏低。對這樣的人來說，像「什麼都能克服」這類的逃避式態度，反而無濟於事。真正需要的是冷靜正視痛苦與壓力，並如實接受它們。**從今天開始，當你感到心情低落時，試著說「沒事的，沒關係，冷靜想想！」這句話將幫助你培養出不被世間磨難動搖的堅強意志。**

13 帶著寬恕說出口，鬆綁多年的創傷

不只是我節目的來賓，就連我自己在分享我的故事時，也能感受到情緒的宣洩。我完全理解那種感覺，一旦說出口，就不會再被那些記憶所束縛。

這是美國知名主持人歐普拉．溫芙蕾（Oprah Gail Winfrey）說過的話。在以她名字命名的電視脫口秀節目《歐普拉．溫芙蕾秀》（*The Oprah Winfrey Show*）中，無數女性真誠傾訴自己的傷痛，毫無保留地訴說那些難以承受或羞於啟齒的過往夢魘，並獲得擺脫傷痛的力量。歐普拉本人也不例外，她在全美國觀眾收看的節目中坦然公開自己最私密的傷痛。但是，她也不是一開始就能如此坦率。

歐普拉背負著不為人知的創傷。她在童年時期遭到表哥性侵，十四歲就成了未婚媽媽。她長期隱藏這個事實，直到某天與她有著相似傷痛的女性嘉賓來到《歐普拉・溫芙蕾秀》。那位女性沒有隱藏傷痛，而是坦承傾吐：

「小時候，我總以為會遇到那種事情，是因為我是個壞孩子，所以一直將那事情藏在心底，不停自我懲罰。但是，現在我明白了，那從來不是我的錯。」

聽到這句話的瞬間，歐普拉感受到一行淚水滑落臉頰。她多年來自責不已，直到聽見那位女性的話才醒悟：

「是啊，那件事不是我的錯，絕對不是我的錯，我卻像個傻瓜，一直認為責任在我，愚蠢的是，直到三十六歲，我才終於明白這一點。」

那次節目播出後，她徹底蛻變，開始在公開場合，坦然講述自己深藏心底的過去。她克服了傷痛，成為能與大眾深刻共鳴的國際主持天后。

歐普拉能將隱藏多年的傷痛，坦然公開於世的原因是什麼？那位嘉賓的告白固然是一個契機，但更根本的原因在於「寬恕」。

寬恕不僅僅是將他人的過錯輕描淡寫地抹去，也是一種決心，要讓自己掙脫情感和記憶的漩渦。寬恕令歐普拉得以正視過往，卸下自我施加的枷鎖與罪惡感。因此，歐普拉一再強調，寬恕不是為了別人，而是為了自己：

> 在希臘語中，「寬恕」一詞的原意是「放下」。如果因為怨恨他人而困在過去、原地踏步，那只會傷害自己，對人生沒有任何幫助。請學會放下，寬恕吧。為了你自己。

我們在人生中會因種種原因受到不同的傷害，像是性侵、家暴、霸凌、車禍、重大災難、天災等，這些重大事件會留下難以癒合的心理創傷。不僅如此，就連周遭人日常中微不足道的言行也可能造成我們大大小小的傷口。還有，求職失敗、成績下降、外貌自卑情結等壓力，也會讓我們不停地自我譴責。

若只是一味地掩蓋心靈的傷口，而沒有用正確的方法去治療它，那麼自尊就會開始一點點的崩壞。為了保護受傷的自己，有些人會用尖銳的態度對待別人，也有人轉向自我傷害，甚至出現失眠、憂鬱等身心困擾。這些問題，其實都源自我們沒有正視與處理內在所受的傷。在《寬恕的技術》（*Forgive to Live*）中，美國心理學家迪克・提比茲（Dick Tibbits）強調寬恕的重要性。經常憤怒的人心臟病發病率是常人的三倍，同時更容易出現頭痛、腹痛、關節炎和慢性腰痛等問題，而化解這如劇毒般怒火的靈丹妙藥就是寬恕。

> 寬恕是為了重獲平靜，也讓未來的希望與人生目標再次清晰，讓過去的憤怒與傷痛不再困住自己。

歐普拉・溫芙蕾鼓勵人們用「寬恕」這把鑰匙，走出過往傷痛，向未來邁進。請試著閉上雙眼，深呼吸，對他人也對自己說：「我原諒你。」而後你將發現，那些曾糾纏不休的傷痛正漸漸鬆綁。**寬恕不僅需要真正的勇氣，也是修復傷痛和自尊的第一**

步。正如美國心理學博士佛雷德利・拉斯金（Dr. Fred Luskin）所言：

寬恕是一種平靜的情緒。當你學會傷痛並不是只針對你而來，為自己的情緒負責，並從事件受害者蛻變為勝利者時，那份平靜自會到來。

14 避免使用摧毀自信的十種表達

我曾擔任某次大學生演講比賽的評審，參賽學生們都準備了出色的報告資料，但表達技巧還有進步空間，其中最令人惋惜的是，他們濫用「好像」這樣的表達方式。例如：

「這項產品在各方面好像都很出色。」

「未來的表現好像令人期待。」

「這好像是一場令人滿意的演講。」

那些學生在演講前原本都很有自信，但只要一開口用了「好像」，整個人立刻變得猶豫不決、缺乏把握。這樣的情況不只是個別現象，多數參賽者都濫用「好像」。這實在令人惋惜。

「好像」原本是用於推測或預期不確定情境，如：「明天好像會下雨」。但如今越來越多人不敢明確表達自己的情感和立場，下意識地在每句話加上「好像」。

這種缺乏自信且優柔寡斷的言語習慣，在年輕群體中特別流行。而這正反映出當下年輕人的心理狀態，讓我感到痛心。在經濟長期低迷，受就業壓力所苦的當下，年輕人不是自嘲為「N拋世代」*嗎？「拋棄」一詞竟然被用來代表一整個世代，可見他們多麼意志消沉。或許也是因為這樣，他們才會不自覺地過度使用「好像」這種沒自信的說法。

正因為如此，我們更應該努力改正說話方式，動不動就說「好像」會讓人覺得你講話沒把握，也很難取得他人的信任與好感。這種語氣就像口齒不清，含糊其辭。想

* 指拋棄了N種事物的世代，從三拋（戀愛、婚姻、生育）世代開始，到五拋（三拋再加上正職工作、自己的家）世代，又到七拋（五拋再加上人際關係、夢想）世代。

像一下，如果有人和你交談時總是含糊其詞，你會信任他嗎？絕對不會。缺乏自信的表達無法引發他人的正面回應和好感，因此，我們有必要將說話方式調整為清晰有力的語氣。

美國暢銷作家提姆．桑德斯（Tim Sanders）在《萬年不變的致富真理》（*Today We Are Rich*）一書中也指出，要避免缺乏自信的語氣：

> 現在就該戒掉一切顯得缺乏自信的表達方式。因為這類語氣會使對話陷入僵局，淪為毫無意義的空洞交談。缺乏自信的人，就算與成功人士交談，也終將一無所獲。

切記，**言語具有刺激大腦的力量，會支配我們的思想與行動**。大腦會根據你日常使用的詞彙做出相應反應，而你的思維與行為也會受到平時說話習慣影響。如果你慣用「好像」這類模糊且缺乏自信的表達方式，你的思維與行動也會失去自信，變得優柔寡斷。

表2中列出了提姆．桑德斯認為缺乏自信的人的典型表達方式，「好像是」也被歸類其中。更值得注意的是，這些說話習慣中還隱含著推卸責任的傾向。

慣用這類表達方式的人，對他人也會產生不良影響。試想你在陌生街頭迷路，向路人問路，對方卻說「好像可以往那邊走」，你會作何感想？會按照他說的方向走嗎？還是會因為不確定，再次詢問他人？**這種不自信的說話方式會讓人信任感降低，我們該做的，是果斷改用更堅定、有自信的表達方式**。

因此，我建議採用「我認為」或「在我看來是」等明確俐落的表達方式。當你用堅定的語氣說出自己的想法時，你自己也會更有信心。當**思想變得堅定，行動自**

表2　避免使用這些詞語說話

缺乏自信的人的說話習慣	
大概	說不定
不管怎麼說	會是那樣的吧
我個人覺得	我不是故意的
好像是那樣	應該不是那樣吧
也許是那樣	總有那種感覺

然會隨之果決。自信的態度和姿態能贏得他人信任，而這份信任又會反過來增強你的自信。說話方式和心態之間，其實會形成一種正向循環。正如古希臘哲學家高爾吉亞（Gorgias）所言：

> 言語為強大主宰，看似微小，實則無形之驅，能成就如天之事：平息恐懼、消除悲傷、創造喜悅、滋養憐憫之心。

★ 第3章 ★

改善人際的好感表達習慣

「無論是友情、婚姻還是更進一步的關係，
所有人際間的連結皆由對話造就。」

——奧斯卡．王爾德（Oscar Fingal O'Fflahertie Wills Wilde），
愛爾蘭詩人

15 只說好話還不夠，必須具備三要素

「聲音很好聽，口才也很好。」高一那年，我在課堂中朗讀課本上的詩，國文老師邊稱讚我邊拍了我的肩膀。那是自高中入學以來，我第一次被讚美：

「我這輩子還沒見過聲音這麼好聽的孩子，如果你將來不是靠說話吃飯，我就剁掉我的手。」

這句話成為我人生的分水嶺。原本一點也不愛讀書，上課總是垂頭喪氣的我，從那一刻起有了夢想：

「沒錯，至少在聲音上我有自信不輸給任何人，我要訓練聲音，成為知名配音員。」

從那天起，我就開始自學發聲，我立志成為配音員的消息傳開，周圍的人紛紛鼓

勵我。老師們會拜託我錄考題音檔，校園慶典的詩歌朗誦活動也由我負責。這些寶貴的經驗成為我的跳板，我甚至還當上了地方廣播電台的學生記者。

沒過多久，我懷抱著滿腔夢想，報名了配音員訓練班，期待接受專業訓練，但僅僅兩個月後，我就因為付不起學費，結束了課程。但這沒讓我放棄，我就像從零開始一樣，每天聽著電視和電台主播與配音員的聲音，反覆練習。

如今，那些經驗已經化為養分，我現在是獨當一面，足跡遍及全國的溝通對話法專家，雖然最後走上的不是配音員的道路，但國文老師「靠說話吃飯」的預言，確實成真了。

假使沒得到國文老師的稱讚，我的人生將變得如何？家境困難，學業成績不怎樣的我，也許會放棄上大學，進入工廠與縫紉機為伍。如今我能成為一名堂堂正正的溝通對話法專家，全都要歸功於國文老師。這一切的變化都始於那句「聲音很好聽」。

正面言語的威力確實驚人。**一句正面鼓勵的話便能改變一個人的人生**。讓我們看看一個實際案例。二十世紀有位美國年輕人，自幼夢想成為作家，卻因生計壓力，逐漸放棄夢想。某一天，他在街頭偶然聽見兩位老人爭論，他不經意地插話，發表自己的意見。不料其中一位老人聽後說道：

「真是個聰明的年輕人。像你這樣優秀的人如果能寫書，將會成為流傳千古的名著。」

年輕人有生以來第一次聽到如此讚美，錯愕不已。因為他沒想過自己能對這世上做出什麼貢獻，更不覺得自己聰明。然而，不知為何，他無法輕易忽視這句話。從第二天開始，他重拾作家夢。那位老人的讚美在他心中點燃了不滅的火苗。

隨著時間過去，老人的預言應驗。年輕人出版了《思考致富》（*Think and Grow Rich*）並成為家喻戶曉的作家，此後還寫了許多成功學書籍。他的著作全球銷量超過五千萬冊，至今仍是最有名的成功學作家。這位被稱為現代成功大師的作家就是拿破崙·希爾。

拿破崙·希爾在《成功定律》（*The Law of Success*）中坦言，自己的畢生成就都源自那天偶然相逢的老人的一句話：

那位老紳士稱我為「聰明的年輕人」，還說只要我努力學習，將來在社會上定能有所成就。他的這番暗示之言之所以影響我終生，關鍵不在那句話本身，而是他說話的方式。他按住我的肩膀，用充滿自信的眼神將他的暗示烙印在我心中，促使我不懈努力，直到實現他的預言。

拿破崙．希爾的案例讓我們見證正向鼓勵的雙重威力，一是賦予動機的力量。他想成為知名作家的願望，原本只是遙不可及的夢想，但聽到老人的讚美後，他開始執筆寫作。

正向鼓勵擁有的第二種威力就是救贖的力量。年輕時的拿破崙．希爾曾一度失去夢想與熱情，每天被工作壓得喘不過氣，老人的讚美讓他重新振作。一句話竟改變了這位意志消沉年輕人的人生。

正向的話語就像不用花錢的魔法，能激發潛力、提振士氣。那麼我們該如何讓正向言語發揮最大的效果呢？光是重複好聽的話並不能達成理想的效果，要讓正向鼓勵發揮最大效果，需要具備三大要素。

第一是**真誠的心意**。若言語缺乏真誠與情感，再動聽的鼓勵也徒勞無功。因為無論用多華麗的詞藻給予鼓勵和讚美，一旦缺乏真誠，對方會立刻察覺。說「我愛你」時，應該帶著真心；說「謝謝」時，也要讓對方感受到你的誠意。

第二是**鏗鏘有力的聲音**。悲觀的人和樂觀的人光憑聲音就能區分出來。因為悲觀的人無法發出堅定有力的聲音，縱使天生聲音動聽，消極思維也會使他彎腰駝背，聲音嘶啞無力。而樂觀的人不僅心態積極，連帶身體姿勢也很挺拔，自然而然地流露自信心和清亮嗓音。那些善用正向言語打動人心的話術大師，都擁有強而有力且動聽的聲音。

有效鼓勵的第三個要素是**溫暖的肢體接觸**。鼓勵時，如果能搭配肢體接觸，將會加強話語的力量。無論是握手、輕拍或擁抱，任何形式皆可。與親密之人分享的肢體接觸能促進催產素分泌，增強情感穩定性，以及強化人際關係間的羈絆，使對方更易感受到鼓勵中所蘊含的真心。

高中國文老師給我的讚美，恰好具備了前述三種要素：對學生的真摯關愛、多年教學歲月練就的具有傳達力的聲音，還有老師輕拍我肩膀的動作。正是因為三種要素的結合，使老師溫暖的讚美對我的人生產生了深遠影響。

現在，請試著用充滿真心的聲音，搭配親密的肢體接觸，好好讚美你所愛的人吧！你的一句話語很可能成為照亮他人人生的璀璨禮物，這份禮物的價值遠超任何昂貴的物質禮物。

為了幫助你建立更穩固的人際關係，本章準備了一系列的正向話語技巧：從能促進溝通的同理心表達方式，到能增進關係的讚美和道歉方式，還有能促進對方成長、提升自我品格的語氣修正技巧。你準備好用正向言語武裝自己了嗎？

16 掌握三技巧，沒好口才，也能聊得很愉快

「和孩子溝通不良。」「和丈夫很少交流。」「和員工無法有效溝通。」許多人都有類似的煩惱。這類溝通不良的最大原因是，講的話對方並不想聽。而當傾訴者察覺對方心不在焉，就會失去興致，不願再分享內心的想法。於是，雙方互動流於表面，人際關係日漸疏遠。

想避免這種溝通失敗的情形，最重要的就是具備「同理心」。就算你講得再有邏輯、用的詞藻再華麗，如果不懂傾聽、無法共感對方的情緒，那就不能算是真正的對話。德國哲學家尼采（Friedrich Wilhelm Nietzsche）喜愛的西班牙哲學家巴爾塔沙・葛拉西安（Baltasar Gracián）在《智慧書》（*Oráculo Manual y Arte de Prudencia*）中如此闡述同理心：

同理心有種神奇的力量，能讓心與心產生連結。其影響力之強，足以令淺薄者稱之為魔法。善用同理心者，無需言語亦能服人，不爭即能獲得所求。同理心既有公開表達的方式，也有在遠處靜默支持的方式。智者兼用兩者贏得他人尊敬與好感。

想做到真正的同理對話，有三個重點一定要記住。首先是傾聽，**專注傾聽對方的話是溝通的基礎**，縱使認為自己的觀點百分百正確，若一味自說自話，就難以贏得人心。不如讓對方先開口，再於適當時機交流意見。美國傳奇脫口秀主持人賴瑞・金（Larry King）曾說：

要成為優秀的說話者，首先，必須成為優秀的聆聽者。唯有專注傾聽他人的話語，當輪到自己開口時，方能應對得體，詞能達意。

同理對話的第二個要領是「回應」。**讓對方知道「我真的有在聽，也懂你心裡的感受」**，這與傾聽本身同等重要。當對方傾訴悲傷的事情時，你可以說「真是令人難過」，表達自己也同樣心痛；而當對方分享開心的事情時，你可以說「哇！真的嗎？你一定很開心吧！」讓對方知道你也替他開心。唯有建立起這種正在認真傾聽的信任感，對方才會願意敞開心扉。這是讓人際關係變得更親密的第一步。若一時之間不知道怎麼接話的話，不妨參考以下例句：

同理心式附和：「不出所料」、「哦」、「真的啊」
讚嘆式附和：「是嗎」、「哇」、「太厲害了」
關心式附和：「沒錯沒錯」、「所以呢」、「嗯嗯」
同情式附和：「居然那樣」、「是啊」、「是這樣的嗎」

同理心對話的第三個要領是：**建立雙方都感興趣的話題**。若有一方對話題興味索然，對話就很容易冷場。對話就像玩傳接球遊戲一樣，要你來我往地互動。要讓對方感到對話有趣，就必須拋出對方容易接住的話題。若只顧著自己開心，將球扔向對方接不住的地方，傳接球遊戲就會變成無趣又疲憊的苦差事。換言之，一直聊著對方不感興趣的話題，無論你說得再天花亂墜，對方只會哈欠連天。

當然，對於不擅長對話的人確實很難掌握對方對什麼話題感興趣。此時，可以從大部分人都感興趣的話題切入，並根據對方反應靈活地調整話題。以下是容易向下延展的開場話題：

家、居住的地區、老家、朋友、學校、職業、公司、興趣愛好、健康狀況、喜歡的食物、美食餐廳、時尚穿搭、旅行見聞、假期計畫、汽車、地鐵、飛機、火車、自然風光、體育賽事、流行趨勢、新聞話題。

只要掌握同理心對話三大要領，即使沒有華麗的口才，對話也能變得愉快。記住，對方不是來替你的說話技巧打分數的評審，而是想和你分享想法和心情的朋友。

只要適當活用三大要領——傾聽、回應，以及建立共同興趣話題，你們的對話將變得更加豐富。

17 善用「微笑」，比任何溝通技巧更重要

「不笑是一天，笑也是一天，那麼不如笑著過完一天。」這句令人印象深刻的話出自韓國延世大學名譽教授金亨錫。我曾有幸在一次講座上遇見他。雖然他已經百歲高齡，卻用孩童般爽朗又健康的笑容對待每個人，讓我深受感動。或許正是那微笑的力量，讓我們初次見面就相談甚歡。

如此看來，**微笑正是引發他人好感與關注的關鍵**。和總是笑臉迎人的人相比，你會更想跟不愛笑的人聊天嗎？當然不會。因此，在需要與人互動的商業環境中，我們應當積極活用此技巧。

想像一下，你搭飛機時，最先想到的是不是空服員的燦爛笑容？空服員每次和乘客眼神對上時，總會露出親切的笑容、說幾句溫暖的話。這些小細節，會在乘客心中

悄悄留下正面服務的印象。航空公司藉由這種方式，誘導乘客再次選擇自家服務。

微笑在其他方面同樣具有強大影響力。我曾遇見過一位保險業務員K。他雖精通各種業務技巧，能力出色，奇怪的是，他屢屢被客戶拒之門外。當這種情況一再發生，K心急如焚地向我求助，經過多次諮詢後，我找出了解決方法：

「你的溝通技巧已經無懈可擊，現在就只差一個微笑。有時微笑的效果勝過一切溝通技巧。美國作家戴爾·卡內基（Dale Carnegie）曾將微笑稱為『傳達善意的使者』。如果你能善用這位『使者』，一定會取得更棒的成果。」

K的弱點不在於溝通技巧，而是僵硬的表情，再加上天生眼神銳利，以及濃重的方言腔調，使他給人的整體印象更加冷漠。

諮詢結束後，K開始練習微笑，要改變根深柢固的面部表情並不容易，但他堅持對著鏡子檢視自己的表情，並報名了幽默大師課。幾個月後我再見到他時，簡直判若兩人。他笑容滿面，與任何人都能暢談，成功贏得了客戶的好感。不久後，成為區域保險銷售冠軍，現在正朝著全國保險冠軍的目標邁進。

對我這樣常要面對幾百人聽眾的講師來說，微笑也是不可或缺的武器。無論講座內容多精采，要有效吸引學員的注意力和促進互動仍然不容易。越是這種時候，開朗的笑容就越能發揮作用。

我一上台就會立刻展現真誠的微笑，厚著臉皮，以充滿活力的姿態出場，主動與聽眾進行眼神交流。僅僅是這樣的開場就足以留下良好的第一印象，接著進行問候和自我介紹時，全程保持笑臉也是關鍵。只要聲音夠明亮就足以喚起聽眾注意，擄獲全場的注意力。

我們絕不能低估笑容在對話中的力量，有時候，一個無聲的微笑勝過千言萬語，**微笑具有像病毒般強大的感染力，可以輕易融化對方如冰山般的心靈**。「伸手不打笑臉人」這句諺語不是沒有道理的。所以，你不妨從現在練習微笑吧。也許一開始會感到彆扭和不自在，但看見你笑容的人，他的心會如春日暖陽般變得暖和。

18 成為「人脈富翁」的五大讚美技巧

因為工作的關係，我經常受邀至各類機構進行講座、參加活動和上電視節目，也因此有機會認識來自各行各業的人。儘管現在很多人說社交累人，我卻樂在其中。一來我天生喜歡交新朋友，二來認識不同領域的人，對我的講師職涯大有幫助。這些累積的人脈總能在我去到陌生的地方演講時，提供我寶貴的資訊和幫助。

我經營人際關係並不是為了私利，能幫上別人反而讓我感到快樂。彼此互相幫助能建立出更深厚的人際關係。因此，即使是初次見面的人，只要對方拜託我，我都會欣然伸出援手。

沒有人能離群索居，人際關係的重要不言而喻。二〇一七年，韓國求職平台Job Korea調查了七百一十三名上班族，詢問他們認為最重要的「職場跳槽成功要素」。

結果顯示，人脈經營在跳槽成功要素中排名第二，僅次於履歷。這說明，跟人人都能取得的證照、學歷、工作經歷比起來，有人脈反而更吃香。所以，無論去到任何場合，即使是初次見面的陌生人，我都會主動自我介紹、打招呼。這時，有個簡單又能留下好印象的方法，那就是讚美。**就算只是小小一句讚美，也會在對方心裡留下好印象**。

尤其是**初次見面，彼此還不熟的情況下，一句讚美能化解尷尬**。畢竟大家更願意對釋出善意的人敞開心房。不僅如此，讚美還具有強化印象的效果。若讚美對方穿著，那麼每當他穿上那件衣服時，就會回想起當時的讚美。這不僅限於衣物。更重要的是，人們在努力培養自身優點時，會自然而然地想起曾肯定過那些優點的人。

讚美確實對人際關係經營有著巨大的影響力。日本作家本間正人在《擄獲人心的稱讚手冊》（ほめ言葉ハンドブック）中，解釋了讚美達人必然成為「人脈富翁」的原因：

習慣讚美他人的人，總是常帶來愉快的對話和未來的願景，大家都樂於與這種人交談，因此，這類型的人身邊總是被人環繞。如果你立志成為成功的經營者或企業家，並渴望廣結人脈，那麼就試著讚美你遇到的每一個人吧。一句發自內心的溫暖讚美，會讓人覺得你是個「令人愉快的人」。

然而，即使知道讚美對人脈經營的重要性，多數人仍難有效運用。主要是因為人們擔心對方受到讚美後會變得驕傲自滿，加上想保持優越感的微妙心理作祟。但是不妨換位思考。你是否會因為幾句讚美就變得傲慢自大？事實上，大多數人都不會。不要忘記，**你越是不吝讚美，你的人際「寶庫」就會越豐富**。

我想分享五種能讓你成為「人脈富翁」的讚美技巧。這些方法適用於所有人，牢記這些技巧，並在與陌生人相遇時大方運用，讓陌生人變成你的朋友吧。

具體的讚美

讚美具體面向，如：對方的穿著、品味、成就等。因為含糊籠統的讚美可能被對方視為客套話，不會當真，效果較差。

把握讚美時機

試想一下，如果你獲獎以後，某個人遲來地恭喜你，你會作何感想？你可能會覺得這個人並不是真正關心你。換句話說，**時機不當的讚美不但無法發揮預期效果，還可能適得其反**。

先開口讚美

讚美並不一定要先等對方開口，也不是為了回應他人才說的。**讚美就像一份禮物，越是出乎對方意料地送出，越能讓對方開心**。換句話說，讚美也是「先說先贏」最有效。

真誠的讚美

讚美他人時缺乏真心誠意，對方很快就能察覺。因此，必須用心去關注對方，善意互動，唯有如此，讚美才會是發自內心的。

讚美，不是拍馬屁

要清楚區分讚美和拍馬屁。避免讚美過於誇張，不符事實，也不要帶有目的去讚美他人。要記住，**拍馬屁式的讚美反而會吸引那些傲慢與品行不端的人**。

19 這樣道歉，不只修復關係，反而更緊密

某次講座中，一位男性向我傾吐煩惱：

「我和太太現在陷入婚姻危機，新婚燕爾時，即使因各種日常瑣事爭執，但很快就能重歸於好。然而，現在消氣需要的時間越來越長，連小小的摩擦都會立刻激動大吵。我們都想維持美滿婚姻，但夫妻關係就是不見改善。我該怎麼辦？」

和他交談之後，我並沒有找到足以讓夫妻關係惡化的顯著外在因素。那麼究竟是什麼讓他們夫妻的感情裂痕日益擴大？這時，一個問題浮現在我的腦海：

「你們吵架後，通常是誰先主動道歉？是你嗎？」

他不好意思地笑了笑道：

「我們吵架後不會特別道歉耶。夫妻之間有這個必要嗎？隨便聊幾句，看氣氛差

不多就知道對方消氣了，幹麼特意道歉，彼此心照不宣就好。」

這正是他們夫妻問題的癥結所在，**沒有道歉就沒有和好**。人與人相處，無心之過，在所難免。犯錯本身不是問題，畢竟人非聖賢，孰能無過。但這不代表不需要道歉。比起從不犯錯，更重要的是犯錯後的彌補姿態，而真誠的道歉是必要的。因為道歉能撫平對方傷口，修復衝突造成的損害，讓關係變得更加親密。

儘管道歉如此重要，但意外的是，很多人不當一回事，特別是夫妻之間這類親密關係，這種現象更明顯。也許他們認為先道歉就是低頭示弱或請求對方的原諒吧。

其實，道歉不是失敗者才需要說的話。《道歉的力量》（*On Apology*）的作者，美國醫學博士亞倫．拉扎爾（Aaron Lazare）指出，道歉並非懦弱的表現，反而是象徵堅定的力量。承認自己的過錯並勇於道歉，是誠實、寬容、謙遜與奉獻的勇敢行為。他並補充道：

> 道歉不僅僅是表現悔意和承認錯誤，更是傷人的一方承諾將持續改變自

身行為。道歉的重點不是要吵誰對誰錯，而是一種強而有力且具有建設性的姿態，用來解決衝突，這種姿態也被變形，融入宗教與司法體系。

「經營之神」松下幸之助曾說過：「這世上不可能存在不道歉就能過去的事，也沒有不需要道歉的人。」如此看來，道歉是表達尊重的訊號，同時也是表明希望關係能繼續下去的友善信號。

如果你已經意識到道歉的重要性，並決心付諸實行，這無疑是值得讚賞的轉變。然而，道歉也有應遵循的形式，敷衍了事的「對不起」，或是提高音量地「我不是已經道歉了嘛」都不是正確的道歉方式。能表達歉意的真摯道歉，必須具備以下要素。

坦誠並公開地承認錯誤

犯錯就該誠實認錯，不要找藉口。避免使用模稜兩可的措辭，更不要傲慢地說「我很遺憾」。要明確地指出自己的行為具體傷害了對方哪些地方，並承認自己哪裡做錯。

發自內心的悔意

道歉必須包含謙卑和真誠的懊悔，同時展現出不再重蹈覆轍的決心。任何應付場面而做出的虛偽姿態，都難逃他人的眼睛。道歉者應真心為對方受的傷害和損失感到愧疚，並具體說明你將如何避免日後重蹈覆轍。

詳述事情經過

除了承認自己的錯誤，還需要解釋導致犯錯的緣由。這不是為了開脫，而是如果確實有不得已的苦衷，應坦誠說明，請求諒解。在說明時，應客觀地把事實說清楚，不要帶著情緒或主觀臆測，重點是縮小彼此的立場差異，解開誤會。

物質與精神上的補償

道歉最終需要彌補對方的傷害和損失。不要以為「只要低聲下氣道歉，事情就會過去」。即使對方婉拒補償，也應主動提供相應補償。因為**補償是對自己錯誤負責的表現**。若沒有適當補償，對方心裡仍有芥蒂，或日後發生後續問題，關係將難以真正修復。

真正的道歉不該只是說句「對不起」，還要誠實承認錯誤，並保證不再犯。正如韓國俗語說「雨後地更堅實」一樣，讓我們透過真誠且正確的方式道歉，建立更加牢固和親密的關係。

20 說話的語氣，就是一個人的招牌

初次見面時，很難馬上判斷對方的為人，這時候，語氣就顯得格外重要。**語氣就像一張招牌，反映一個人的想法和行為方式**。而語氣、思維和行為，正是形塑人格的關鍵。這種觀點絕非誇大。**與其說是人決定語氣，不如說是語氣形塑一個人**。在日常中，我們脫口而出的每一句話都在塑造我們的品格。換言之，如果經常不自覺地使用輕蔑語氣說話，會養成傲慢自大的性格；如果老愛開貶低自己的玩笑，久而久之也會變得悲觀。相反地，禮貌的語氣能培養尊重他人的性格；正面的語氣則能塑造樂觀的性格。

有一天，一位剛開業的咖啡廳老闆向我尋求建議。她與員工衝突不斷。按理說，共事久了，彼此關係應該會越來越融洽，但她的店裡卻恰恰相反，員工和她屢生衝突，並陸續地離職。員工的陸續離職加重了她的工作量，她一度萌生歇業念頭。為了找出問題癥結，我分析了她對員工的說話方式。

結果我發現，這位老闆的語氣很強勢，再加上咖啡廳的員工多是缺乏社會經驗的年輕工讀生，因此難免常出狀況。然而，每當發生問題時，她總是焦躁地斥責員工的錯誤。急躁又強硬的語氣傷害了員工的心，導致他們紛紛離去。人手越少，她就越疲憊，而她越疲憊，語氣就越強硬，最終形成惡性循環。我給了她幾個建議：

您是帶領多位員工的負責人，更應時刻注意自己的語氣。領導者的語氣會直接影響整個團隊的氣氛。如果像現在這樣，句句指責批評，措詞過於強硬，員工會對您的每個失誤更加敏感，也會更不想聽從指示。這些負面情緒會帶到工作裡，拖垮整體工作效率。

所以，我建議從現在開始，用更加體貼與尊重的語氣跟員工溝通。這樣員工不只會更願意聽您說什麼，也會更體諒您。愉悅的對話能促進良好的溝通氛圍，關係自然而然地會更加親密，工作滿意度和效率也會提升。切記，領導者的言行舉止會左右整個團隊的氣氛。

語氣就是他人認識我們的第一印象。就像上面這個例子，平常說話口氣太強硬、粗魯的人，大家當然會覺得她難相處。然而，若能改變說話語氣，讓語氣變得柔和一點，身邊的人也會漸漸覺得她是個親切的人，進而產生好感。這份好感會像迴旋鏢一樣回饋到自己身上，讓她變得更加溫和、親切。語氣和品格之間將形成良性循環。

那麼，如何培養出展現良好品格的語氣呢？首先就是「慎言」。不經思考脫口而出或批評他人的粗魯言語，是導致個人聲譽受損的主要原因。因此，我們應牢記古訓「三思一言」——**深思熟慮後才開口**，習慣在說話前想一想：「這句話現在真的有必要說嗎？」這種習慣能讓我們講話更有分寸，也更得體。朝鮮儒學思想家李珥（號栗谷）也曾強調慎言的重要性：

言當謹慎。學者欲修君子之行，必先習慎言。口為人過錯之源，故言當誠信。己當適時而言，對他人贊同或附和之語，也當慎重以對。

此外，為了培養得體的語氣，還應考慮彼此間的關係和場合。同樣地，自己的角色和社會地位也須納入考量。例如，總統應有總統的談吐；教師應有教師的語氣；父母應有父母的言談。假如某位教師的孩子剛好在自己任教的學校上學，而這位教師在學校對自己的孩子更加親切，會怎麼樣呢？

在這種情況下，可以說這位教師的言行不合適。教師理應公平地教導和評價每一位學生，不應給予任何學生特殊待遇。即使兩人是親密的親子關係，在校園中也應以教師和學生的身分相待，回家後再恢復親密的親子互動。換言之，所謂考慮到「關係」的對話，指的是能夠公私分明，並採取適合當下情況的言語。朋友、同事等的平等關係也是同樣道理。**懂得在對的時間、對的地方用對的語氣的人，能獲得他人的信任與好感**。

最後，要使用具有活力，並能表達自身觀點的表達方式。含糊不清、支支吾吾的言談，難以獲得他人好感是理所當然的。因為語意不清會造成溝通上的障礙。當你能**條理分明地陳述觀點時，談吐之間會展現出自信與從容**。具有這種穩重態度的人，即便在意見相左的情況下，對方依然會對你留下好印象。

就像我屢次強調的，說話的品格正是個人品格的體現。世上還有什麼人比能夠根據場合，既謹慎又能清晰表達自我觀點的人更出色呢？若你渴望獲得他人的喜愛與尊敬，一定要牢記前述原則。僅是改變語氣，旁人看待你的眼光就會有所不同。

★ 第4章 ★

讓諸事順利的轉念思考習慣

「永遠記住，你渴望成功的決心比世上任何事情都重要。」

——亞伯拉罕．林肯（Abraham Lincoln），

第十六任美國總統

21 四步驟戰勝逆境的正向自我對話

「都是我的錯，我真的無能為力。」「反正每次都失敗，這次也不會成功的。」有些人總愛把這類悲觀的話掛在嘴邊，總覺得現實就是如此，自己無能為力。他們覺得自己身處困境、處處不順，除了抱怨，也不知道該說什麼。但他們沒發現，真正影響他們的，是「說出口的話」所帶來的潛移默化。如同我一再強調的，言語會刺激大腦，改變行為模式。**相信自己並習慣使用正向表達的人，大腦會釋放戰勝逆境的潛能**。反之，不相信自己，常把「完蛋了」、「我要放棄」等負面話語掛在嘴邊的人，大腦也會萎縮。這種人即使面對原本能輕易跨越的障礙，也常會被擊垮。

由此可見，**悲觀的自言自語，等於在心理層面暗示自己「失敗」**，僅僅將帶有負面含義的話說出口，就足以增加失誤率或失敗率。比方說，遇到同樣的情況，說「我能做好」的人，和說「千萬不能出錯」的人，二者結果大不相同。

韓國職業足球聯賽——K聯賽的選手們就是最好的例子。韓國體育心理學家金秉準（音譯）教授分析K聯賽後衛球員的賽前狀態時發現，實力堅強卻常表現失常的選手都有個共通點：他們習慣對自己說一些消極又被動的話。這些話，就成了他們給自己下的負面心理暗示。

舉例來說，當選手上場前心裡默唸「今天不能失球」時，腦海中就已經浮現失分的畫面。這種最糟糕的情境會讓選手帶著緊張和不安的心情上場比賽，自然無法發揮實力。一旦真的失分，他的心理很可能因承受不住而崩潰。

金秉準教授指出，像這種引發負面聯想的自我暗示毫無幫助，不如像韓國職業足球選手朴智星一樣，給予自己正向的暗示，例如：「我就是這座球場上最強的選手」，會對我們更有幫助。他在著作《強心臟訓練》（강심장 트레이닝）中提到：

負面的自我暗示百害而無一利。首先，它會嚴重打擊自信心。因為自我暗示反映個人的信念，消極的信念會降低專注力和動力。讓自信、專注和意志力下滑的，不是別人，而是自己，真是令人惋惜。畢竟最值得信賴的就是自己，如果連自己都否定自己，絕對不會有好結果。

要擺脫負面自我暗示的泥沼，關鍵在於建立正向的自我對話。想要一下子改掉根深柢固的習慣並不容易，但有一個循序漸進的方法，那就是「ASDR論辯法」。

第一個步驟是**覺察負面想法**，即「Aware」。這是一個詢問自己，以釐清當下想法的過程。人的大腦常不自覺地偏向悲觀，因此我們需要客觀反思這些想法。我們經常會在此過程中察覺一些負面思維，如：過度自責、把所有問題都歸咎於自己、因為一次失敗就全盤否定自己、認為自己注定會失敗而放棄等。

ASDR論辯法的第二步就是**停止負面思想**，即「Stop」。要讓已經開始蔓延的想法踩煞車。這點說易行難，這時候，像是「停止」、「到此為止」或「再想一想」這類正向指令就派得上用場，能幫助我們轉移思路，斷絕那些負面想法。

第三個步驟是**反駁負面想法**，即「Dispute」。如前所述，我們的大腦常常不自覺的偏向負面思考，但這些念頭往往只是「如果……怎麼辦？」這類模糊又過早的擔憂，且缺乏明確的邏輯。畢竟那只是「有可能」，並不是「一定」會發生，如果我們不被那些不安情緒牽著走，其實要反駁這些負面想法並不難。

最後的步驟是**轉換成正向的自我對話**，以替代那些已經被我們趕走的負面聲音。

希望你能記住ＡＳＤＲ論駁法的四個步驟，一旦負面的念頭浮現，就能立刻拿出來應用。**言語改變則思維改變；思維改變則行動改變；行動改變則命運改變**。

本章介紹了幾種能激發潛能、提升表現的正向語言技巧，例如：賦予勇氣的自我暗示、把緊張感轉化為行動力的習慣、幫助找出人生方向的使命宣言，以及能培養領導力的自我提問。我真心希望這些方法，能幫助你改變悲觀傾向，重新發現對生活的希望。

22 比爾・蓋茲、賈伯斯都在用的鏡中對話法

美國兩大創新家比爾・蓋茲（Bill Gates）和史帝夫・賈伯斯，他們分別帶領微軟和蘋果這兩家全球科技巨頭走向成功。他們有個共通點：每天早上他們都會用鏡子自我對話。比爾・蓋茲每天出門前會看著鏡中的自己說：「我可以做到任何事」、「今天會有好運降臨」；而賈伯斯每天早上站在洗手台的鏡子前自問：「如果今天是我生命的最後一天，我還會做今天原定的計畫嗎？」

如果要用一個詞來總結他們從鏡中獲得的東西，那就是「自我確信」。他們會對著鏡子問自己：「今天有哪些目標？我能做好嗎？」透過這樣的晨間儀式，他們為每天的行動注入信心，全力以赴。這種能獲得自我確信的鏡中對話法，任何人都能學習運用。我自己也正在使用這個方法。雖然我已經是一名專業講師，但在面對 CEO

的演講或主持大型活動時，還是會感到緊張。過度緊張可能影響正常實力發揮。因此，每逢重要場合，我一早就會穿好整齊的套裝，站在鏡子前，握緊雙拳大喊：「我是頂尖的溝通技巧講師！今天我將充分發揮我的才能，將有用的內容分享給所有人。」

透過鏡中自我暗示，能感受到緊張逐漸緩解，自信與勇氣油然而生。

《信念的力量》（*The Magic of Believing*）的作者，美國記者克勞德．布里斯托（Claude M.Bristol）早就以親身經歷證實了鏡前自我暗示的效果。某天早晨，他偶然看見一個步履蹣跚的醉漢，跌跌撞撞地站在鏡子前。然後，那名醉漢對著鏡子喃喃自語「不能醉」，幾分鐘後竟克服了醉意。他把這段經歷應用在業務員的訓練上，結果非常成功。他這麼說：

反覆告訴自己「我能成功，我能成功！」、「放手去做，放手去做！」，直到它內化為你的信念，每次照鏡子時都要說。開始新的一天時都要大聲高呼。

鏡子在這種自我暗示中扮演了特殊的功能，它能讓我們像是從他人的角度，看見自己的模樣。對著鏡子說話時，能將鏡中人客體化，使我們能夠從客觀角度看待自己。在這種狀態下進行自我暗示，效果更為明顯。心理諮商中的「心理劇」*（psychodrama），也是透過角色轉換，讓人們能夠客觀地看待自己。

法國自我暗示療法的創始人愛彌爾．庫埃（Emile Coue）建議對著鏡子說：「我每天在各種方面都越來越好。」現為演講家的韓國三美集團副會長徐相祿也提出類似建議：

＊為美國精神科醫師莫雷諾（Jacob L. Moreno）創立及發展的行動方法，透過戲劇的方式，幫助參與者探索、釋放、覺察和分享內在。

試著對鏡練習微笑，並告訴自己「我是個成功人士」，練習六個月。再練習六個月的說話技巧，每天對自己下暗示：「你會成功，你一定會成功」。

鏡前的自我暗示對業務員和任何人都很有效，尤其是當你**不斷說出具體目標，會更有機會讓它實現**。不管是工作還是生活上的目標，都是一樣的道理。所以，請每天早上對著鏡子大聲說出你的目標。在你體內沉睡的潛能，將會被喚醒，並發揮實現目標所需的強大力量。

23 利用「心靈彩排」，讓你關鍵時刻不失常

就算平常再怎麼苦練，多數選手在面對重要比賽時，還是會被強烈的緊張感壓得喘不過氣。如果無法克服心理壓力，就難以發揮出實力。能不能克服緊張，常常會是決定勝負的關鍵。

韓國選手安山就是最典型的例子，她是二〇二〇年東京奧運射箭三冠王。在一箭定勝負的個人賽決賽中，她以每分鐘一百一十八下的穩定心率射出十分滿分，成功奪金。當時她的對手心跳已經飆升到每分鐘一百六十七下。

在這種連旁人都為之捏一把冷汗的關鍵時刻，安山選手究竟是怎麼保持冷靜的？她曾在接受媒體訪問時分享自己的訣竅，例如：射箭前整理箭羽、在心裡痛快罵一次髒話、維持一貫的生活節奏等。這些看起來微不足道的小習慣，其實正是幫助她放鬆

心情、提高專注的關鍵。可見，對運動員來說，保持最佳狀態與克服心理壓力同樣重要。**為了減輕緊張，他們往往會透過重複特定的動作或流程，來穩定情緒、集中注意力**。這類特定動作或流程被稱為「固定日常」（routine）。

說到固定日常的代表人物，就不能不提韓國高爾夫名將朴仁妃。她的習慣非常明確：總是在比賽前一小時二十分鐘到場熱身、比賽期間只吃自己準備的食物、決賽日一定換上白色戰袍。她幾乎每一場比賽都嚴格遵守這些流程，用來穩定心情、集中精神。靠著這份穩定，她總能穩住節奏，在關鍵時刻用一次精準揮桿拿下勝利。這正是她被稱為「沉默的刺客」的原因。

固定日常當然不是運動選手的專利。無論是面臨考試的學生、準備面試的求職者，還是即將進行簡報的上班族，只要是在關鍵時刻容易感到壓力的人，都可以打造出屬於自己的例行公事，並善加運用。像是配合考試時間安排讀書進度，或反覆進行模擬報告，這些都是很好的例行公事。透過每天重複相同的作息，在決戰之日也能像往常一樣保持冷靜、穩定的心情，那麼面對再大的壓力，也能從容應對。

在這種固定日常中，如果再加入積極的自我暗示，能使效果倍增，美國知名商業顧問暨全球暢銷書作家布萊恩・崔西（Brian Tracy）就是一個實例。他高中輟學後在飯店廚房洗碗維生，這樣的他是如何成為年營收高達三千萬美元的富豪呢？

布萊恩・崔西將其成功祕訣稱為「心靈彩排」。每當對失敗感到不安和擔憂時，他便想像自己克服困難的模樣。他會在心中模擬失敗後的情境，再思考如何重新站起來。這樣的心靈彩排，讓他在真正面對挫折與拒絕時能快速回穩。他強調習慣的正面力量，如此說道：

> 要對自己說正面的話，每當對拒絕和失敗的恐懼湧現時，就對自己說：
> 「我能做到！我能做到！」

如果你是考生，不妨在腦海中描繪自己在考場上揮灑自如的模樣，並創造屬於自己的咒語，像是「這些都是我會的題目」、「我一定能考好！」而面臨面試的求職者或準備簡報的上班族也可以照做。想像自己從容不迫，自信主導全場的樣子，並對自己說：「享受這個過程！」「我會是表現最好的！」等咒語，鼓舞自己。如此一來，即使緊張感偶爾來襲，也能穩住節奏，盡展實力。

別忘了，**穩定的心理狀態，就跟實力與體能一樣，是決定成敗的重要關鍵。若無法穩住心理，就只能與最佳成果失之交臂**。希望你也能找到適合自己的固定日常和咒語，在人生的重要時刻中脫穎而出。

24 換個說法，從痛苦變有力量

「我看不到希望。」「我不知道自己真正想做的是什麼。」「不管多麼努力，對未來還是感到一片茫然，我到底該怎麼辦？」我最近去大學演講，聽到這樣的心聲幾乎成了日常。本該是人生最光彩奪目的時期，卻彷彿集體失去了活力，令人不勝唏噓。看著那些年輕學子，為了不落人後而拚命奔跑，卻不知道自己到底在追求什麼，那茫然的模樣，真令我惋惜。我想對他們說幾句話，雖然可能因此被嘲笑是「老古板」，但我也願意。

年輕人自己的人生，應該由你們自己決定。也許到現在為止，你們一直背負著父母的期許與社會的壓力前進，也因為顧慮別人的眼光，選擇了一條他人早已走過的既定路線。追求名校學歷、體面的工作、令人稱羨的婚姻和優渥的經濟條件等。或許你們也不是真的想讓他人羨慕，但總覺得至少不能輸，這種壓力，早就讓人身心俱疲了吧。

我不是說和別人過一樣的生活一定不好，問題是那種「非得這麼做不可」的壓力，讓人幾乎喘不過氣來。因為我們過什麼樣的生活，其實取決於內心的狀態。美國心理學家蘇珊．傑佛斯（Susan Jeffers）的《恐懼OUT》（*Feel the Fear...and Do It Anyway*）中分享了一件重要的事：「必須」這種破斧沉舟式的語氣，帶來的無力感與「我做不到」相似：

> 「必須」這種說法，往往是讓人陷入絕境的語氣，彷彿沒有退路。相較之下，「我可以做到」這句話，則會讓人重新找回力量與選擇權。

當一個人說「雖然可以跟朋友見面，但我今天更想去看媽媽」，那麼他探望母親這件事並非出於義務，而是出自自己的選擇。也就是說，在朋友和母親之間，他是自己選擇去探望母親的。但如果說「今天我必須去看媽媽」，這樣的語氣反而會讓人感到壓力或壓迫。因此，每當我們說出「必須」的時候，其實都在一點一滴地消耗自己的力量。（見表3）

除了「必須」，我們平常還會不自覺使用一些詞語，會讓我們陷入壓力和無力感之中。一旦使用這些詞語變成習慣，我們就很難用正面的態度主導自己的人生。所以，從現在開始，不妨嘗試用更積極、主動的語氣來表達。我要再次強調，你的人生由自己決定，而改變的第一步，從你使用的話語開始。

表 3　嘗試用言語給自己力量

令人痛苦的言語	給予力量的言語
我必須做	我可以做到
我做不到	我不會做
發生了問題	出現了機會
我不滿意自己	我想學習和成長
人生是鬥爭	人生是冒險
能那樣就好了	會那樣的
這次完蛋了	下次一定會成功
不知道如何是好	一定會有辦法的
糟糕了	是學習的機會

25 克服迷茫和倦怠的「個人使命宣告」

有一個人途經採石場，遇見三位製磚匠人正在磨石。他依序詢問了他們：

「您現在在做什麼？」

第一位匠人答：「混口飯吃。」

第二位匠人答：「我在打造全國最漂亮的磚塊。」

第三位匠人答：「我正在建一座能被人代代傳頌的大教堂。」

雖然他們做的是相同的工作，回答卻天差地遠。為什麼會這樣？關鍵在於他們看待工作的態度不同。第一位匠人心態消極，似乎認為賺錢是工作的唯一目的，他可能只求領到薪水，得過且過地生活著就心滿意足了。第二位匠人則是盡力做好手邊的工作，然而，他並不關心自己做的磚塊將被用在哪裡。他有短期的目標，卻缺乏長遠的願景。

然而，有一位給出了不同的答案，那就是第三位匠人。他非常清楚自己工作的意義，也為工作注入了一份使命感——他是在蓋一座能流傳百世的大教堂。這個故事，正是奧地利現代管理學之父彼得・杜拉克（Peter Ferdinand Drucker）在《彼得・杜拉克的管理聖經》（*The Practice of Management*）中，用來說明「使命感」為何重要的例子。

那麼，在這三位匠人中，究竟誰能獲得更大的成就感和滿足感呢？無庸置疑，是第三位匠人。第一位匠人只在乎金錢報酬，對工作毫無興趣，因此很難取得真正的成就；第二位匠人雖然埋頭苦幹，但缺乏足夠的洞察力，未曾賦予工作更深層的意義，可能會陷入迷茫或倦怠。然而，第三位匠人與他們不同，他為自己的工作賦予了獨特的使命，看得長遠，並主動朝目標前進。這種心態將成為他克服所有難關的動力。

我們的人生也是一樣。**想實現目標，就需要一個打從心底相信的使命**。即使收入不高、挑戰不斷，**只要心中有目標、有信念，每天都會活得更有意義**。如果你想實現這個目標，我建議你試試看這個方法：寫下「個人使命宣言」。相較於只在腦中空想，**將使命具體寫下並朗讀出來，能帶來更大的影響力**。《與成功有約》（*The 7 Habits of Highly Effecive People*）的作者，美國管理學大師史蒂芬・柯維（Stephen R. Covey）將書面的個人使命宣言，比喻為個人憲法，他解釋道：

> 要確立目標並採取行動，最有效的方法，就是寫下屬於你的人生使命，也就是你相信的哲學與價值觀。這份宣言應該清楚描繪你希望成為什麼樣的人（品格），想完成什麼樣的事（貢獻與成就），並遵循你重視的原則來生活。

寫下個人使命宣言，有助於我們釐清人生方向，找到自己真正重視的價值觀。以個人使命宣言為基礎，我們可以一步步制定中長期目標，並擬定實現這些目標所需的短期計畫。如此一來，就能更有效率運用時間和才能。

當你寫完個人使命宣言後，請大聲朗讀出來，並用心傾聽自己的聲音。起初你或許會覺得很彆扭，彷彿是在聽陌生人講話，但當你真誠地反覆朗讀時，變化就會開始萌芽。當滿懷信念的聲音傳入耳中，會深深烙印在大腦，重塑思考。當你持續朗讀下去，大腦會慢慢把這份使命當成真實存在的目標，而不再只是空想。你所制定的使命將不再空洞或虛無，反而會激發實現它的意願和勇氣。

因此，如果你常常覺得每天的生活就像第一或第二位工匠一樣，感到職業倦怠，沒有任何成就感，我建議你現在立刻動筆寫下你的個人使命宣言，並大聲朗讀，那麼你也能像第三位工匠那樣，踏實又有目標地打造屬於你的人生大教堂。

26 展現卓越領導力的三大提問

「我一個人工作沒問題，但不太擅長帶領團隊。」

「我是一家中小企業的老闆，但總覺得員工不太服從管理。」

人人都可以成為領導者。從部門、公司負責人到同好會等各種人際關係，領導者是團隊中不可或缺的角色，但這個角色一點也不輕鬆。不少領導者儘管個人能力強，但一旦需要領導和指揮成員時，時常因無法勝任而深感困擾，覺得處處充滿挑戰。**領導者一旦動搖，整個組織也會隨之不穩**，如果說領導者的能力攸關組織的興衰存亡，絕不為過。

我也曾帶領約五、六人的團隊，一起準備大型演講活動。我是專業講師，就算要我對著上千人演講，也難不倒我。但當我成為帶領團隊的領導者，我發現自己還有很多不足之處。例如，我有時無法向團隊成員清楚傳達目標；有時無法系統化分配任務，最後只好獨自完成所有工作，草草收場。

一開始遇到這種情況，我總是把錯誤歸咎於團隊成員或當時情況，覺得自己很冤枉。然而，現在回想，我們默契不足的根本原因，是因為我沒有盡到領導者的職責。我的職責是讓眾人共享同一個目標，又能專注各自的分工。

就領導力來說，我簡直不及格。不過那時候，有位企業老闆幫了我。那位老闆有著優秀的管理能力，而且出了名地會率領員工。他對當時不知所措的我說：

「領導者是為組織搭建骨架的人，如果凡事都要過問，事事都要親自下指示，確保一切都在自己掌控中，那麼即使團隊成員再優秀，他們也沒有發揮的空間，就連你這個領導者也會感到吃力。你最重要的任務是，確保團隊成員負責符合他們能力的工作，還有確保他們彼此之間的溝通順暢。」

那位老闆還教了我一個小技巧。他說，想知道自己是不是個稱職的領導者，可以問自己三個問題：

第一個問題是：「首要任務的設定是否恰當？」**領導者要負責訂定任務，並帶領團隊朝目標邁進**。如果領導者隨意制定任務，團隊成員就容易感到無所適從。因此，領導者必須具備篩選任務的能力，要能區分緊急任務和非緊急任務，也要鼓舞士氣，讓成員願意接下任務、全力以赴。當領導者清楚知道什麼是首要任務時，並明確告知團隊成員，大家就能發揮所長。

第二個問題是：「人選是否合適？」**領導者最重要的是知人善任，讓對的人做對的事**。學歷和能力再好，若放錯位置，就無法發揮效用。選才同時也關乎人才管理，當優秀的團隊成員無法充分施展才能時，為他們找到合適的工作也是領導者的職責。

第三個評估領導力的問題是：「是否建立了良好的人際關係？」在許多人為同一個目標分工合作的情況下，團隊內的溝通與關係是非常重要的。就算是工作上的關係，也不能隨意對待或過度冷漠。**當領導者能與團隊成員平等溝通，並清楚傳達團隊的使命與願景時，團隊成員才會展現出挑戰精神**。

想成為領導者、成為團隊核心的人不在少數。因為每個充滿幹勁和熱情的人都渴望親自指揮團隊，取得更大成就，而領導者位置無疑極具魅力。

人人都能當上領導者，但並非人人都能成為優秀的領導者。既要激發團隊成員潛能，還要取得讓所有人都滿意的成果，這絕對不容易。因此，如果你想展現出卓越的領導力就務必牢記這三個問題。如果你能設定恰當的首要任務、知人善任，並維繫團隊成員之間的和諧關係，你的團隊也一定會越來越強。

★ 第5章 ★

帶來財富的
豐盛說話習慣

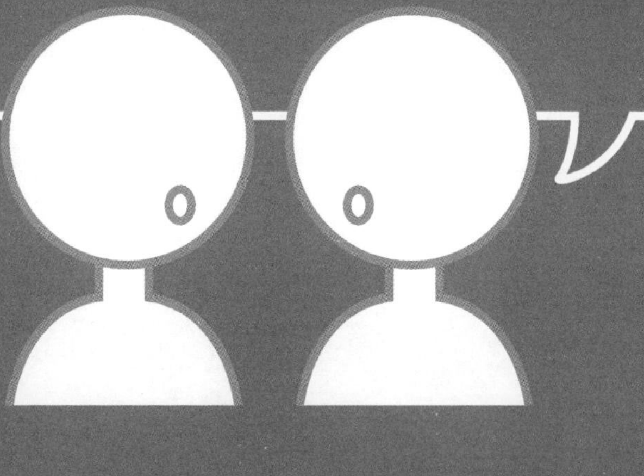

「你的言語將成為你所棲之屋。」

——哈菲茲（Mohammad Hafez-e Shirazi），
波斯詩人

27 想致富就得像有錢人一樣說話

「我想擺脫這永無止境的貧窮。」「賺這麼一點錢，到底什麼時候才能成為有錢人？」在我們身邊時常聽到這樣的怨言，有時這些話語也會出現在我們的心中。仔細聽聽這些說法，你會發現一個共通點：他們的注意力總是放在「自己缺什麼」，而不是「自己擁有什麼」，也缺乏相信自己能致富的信心。正是這種想法，成了通往財富的絆腳石。正如古人所說「王侯將相本無種」，沒有人天生注定成為富人，**任何擁有強烈的渴望並努力的人都有機會致富**。可惜的是，很多人總是不自覺使用這種悲觀又負面的語氣，卻不知道正是這些話，讓自己離財富越來越遠。

如果無法拋棄這種說話方式，就無法擺脫貧窮的宿命。因為言語會影響思維，而思維又決定命運，所以要**想擺脫貧困，邁向富裕，就必須徹底拋棄那些充滿匱乏感和**

無力感的語氣，讓自己的語言和想法充滿希望與可能性。這方面的成功典範是德國金融專家暨管理顧問博多．薛弗（Bodo Schafer）。他二十六歲之前債台高築，直到認識了幾位富人，領悟了致富原則。靠著那些原則，他在三十歲前就累積了可觀的財富，甚至光靠利息就能過日子。面對追問致富祕訣的人們，他強調必須戒掉以下七種讓人越來越窮的壞習慣：

1. 不知道為什麼要致富。
2. 缺乏明確的目標。
3. 沒有破釜沉舟的決心。
4. 不願忍受一絲的不便。
5. 逃避那些伴隨重責大任之事。
6. 不敢挑戰超出自身能力範圍的事。
7. 專注於自己的弱點，而非優點。

一個人如果既不清楚自己為何想變有錢，又缺乏明確目標，也沒有足夠決心、耐心與熱情，那想致富就只是空想。更何況，連你自己都不懂得發揮自己的優勢，又怎麼能期待別人看得見你的長處呢？有這些壞習慣，不但無法實現富足的生活，反而只會讓你離貧窮越來越近。

目標設定過於狹隘或模糊同樣是個問題。《祕密》一書的作者，澳洲製片人朗達．拜恩指出，很多人只是盲目想變有錢，卻沒真正想過自己想成為什麼樣的富人。相反地，許多人執著於「還清債務」這種消極目標。但這種消極目標反而會變成一種自我設限，就算順利實現了，頂多也只是把債還清而已。若渴望擁有龐大的財富，就應有鴻鵠之志；若想清楚知道致富之路，就應當釐清目標。唯有知道想捕捉什麼樣的魚，才能尋得那種魚出沒的水域，再說了，想捕大魚的前提，就得有巨大的魚網，不是嗎？

總之，想獲得萬貫財富就必須轉換思維。然而，如我多次強調的，要改變思維就必須先改變說話方式。《有錢人宣言》（*The $1 Million Reason to Change Your Mind*）

的作者，澳洲演說家帕特．梅斯地（Pat Mesiti）不也說過嗎？「我將像有錢人一樣思考！」這句話，正是從平凡到富有的第一步。

如果**真正渴望致富，就必須培養出富人的說話方式，要懷抱對財富的堅定信念，自信地表達**，如此一來，你的思維才會聚焦於創造財富，只有徹底拋開貧窮思維、全心全意走向財富，你才能真正踏上通往成功的快速道路。你想過怎樣的人生？是困於貧窮，疲於應付赤字和貸款利息？還是專注於累積財富，全心投入，實現目標？你的命運，掌握在你手上。更準確地說，掌握在你的言語中。

在本章中，我為有心致富的你準備了能召喚財富的言語，像是大膽宣言、未來日記、讀出座右銘等。記住，財富從不只堆積在倉庫或帳戶，真正的富人，會打造能承載財富的語言力量。從現在起，就開始練習用正向、強而有力的語言，為你的財富之路打好基礎吧。

28 大膽宣告，是把夢想變現實的關鍵

「我三十歲前一定要成為有錢人，不然，我就從奧馬哈最高的大樓跳下去。」如果一個年僅十三歲的小孩在你面前說出這種話，你會怎麼想？或許你會忍不住想敲他的頭說：「小子，話不能亂說！」然而，這個豪氣干雲的十三歲少年果真在三十歲時成為富豪，現在更是全球經濟舉足輕重的重量級人物。這個少年正是家喻戶曉的美國股神華倫．巴菲特（Warren Buffett）。

巴菲特八歲時，就開始投資股票，在旁人眼中，這個孩子滿腔熱情卻不知天高地厚。然而，他擁有堅不可摧的信念，從小就積極透過打工和小額創業，累積資金，還在哥倫比亞大學向美國著名投資人班傑明．葛拉漢（Benjamin Graham）學習經濟學，建立獨到的投資理念。他之所以能實現當初的豪言壯語，正是因為這縝密又徹底

的準備態度。

大膽宣言，是把夢想變成現實的關鍵。它是那些有實力、有願景的人，對自己目標下的堅定承諾。正因如此，巴菲特得以驅散內心殘存的懷疑與恐懼，激勵自己，喚醒潛能。

這不是吹牛。真正的吹牛，是說的人根本不相信自己辦得到，也不在乎結果，只想讓別人信以為真。而真正有決心的人不一樣，即使全天下沒人相信他們，他們也相信自己，從不懷疑自己的能力和才華。正是這種堅定的信念引領他們走向成功。

有兩位全球知名企業家證明了這一點。其中一位就是日本軟銀集團董事長孫正義。十九歲那年，他一進大學，就同時制定了「人生五十年計畫」。一個還不到二十歲的少年竟然規劃未來五十年。這可能會讓人覺得荒誕不已。然而，在他一九八一年創立軟銀集團時，他對僅有的兩名員工這麼說：

「五年內，軟銀會成長為年營業額一百億日元的企業，十年後會達到五百億日元，終有一日會成長為年營業額以『兆』日元計算的企業。」

這段話最終成真了。孫正義始終堅信自己的願景，從頭到尾都展現出十足的自信。他不只相信自己，也相信自己說的話。在一九九九年，他以六十三億美元（約新台幣兩千億元）的資產，名列全球富豪榜第五十三名。

另一位透過大膽宣言致富的代表人物，就是中國阿里巴巴集團董事長馬雲。他曾三度重考才勉強考進大學，畢業後的求職路更是被拒絕三十多次，嚐盡失敗的滋味。然而，他從未放棄。他從杭州一間小公寓起步，將阿里巴巴發展成中國網購巨頭。當記者問他阿里巴巴成為中國第一大網路購物平台有何感想時，他答道：

「過去十五年來，阿里巴巴已經成為中國家喻戶曉的品牌，不久之後，全世界都將記住阿里巴巴這個名字。」

馬雲實現了他的話。二〇一四年，阿里巴巴在美國紐約證券交易所上市，募集了史上最大籌資記錄，舉世矚目。如今，阿里巴巴的市值突破兩千三百億美元（約新台幣七兆元），這段傳奇還在續寫。

渴望致富的人不在少數，可是有些人充滿自信，勇於公開宣示自己的夢想，有些人卻因恐懼而退縮，甚至不敢將夢想說出口。光是勇敢說出口，就已經大幅拉開了雙方的差距。我們別無選擇，要想成為有錢人，就像華倫·巴菲特、孫正義、馬雲一樣，豪氣干雲地說出自己的宣言吧。

29 如何像有錢人一樣思考與行動？

幾乎每個人都有發財夢，但讓夢想成真的人卻寥寥無幾。因為，從擬定致富計畫到真正行動，從來不是件簡單的事。多數人寧可沉浸在美化現狀的藉口與自我安慰中，也不願真正邁出致富的第一步。那你呢？你能毫不猶豫地說「我不是那種人」嗎？多半很難。但別太沮喪。因為大家都差不多，多數人都懶得把想法化為行動，能克服懶惰；為夢想持續努力的人，終究是少數。

但別忘了，真正能實現財務自由的，正是這些少數肯行動的人。對他們而言，發財從來不是白日夢，而是一條可以透過生活一步步實現的道路。靠著不斷累積行動，他們最終讓「財富自由」成為現實。反之，大多數平凡人的發財夢一直都是虛無飄渺的，從未具體化，因此難以制定明確的計畫，更別說化為行動。

那麼，為了實現發財夢，最應該做的是什麼？儲蓄？投資股票？投資房地產？這些都只是手段，**你最需要的是「訂定目標」**。決定你想買的東西也好，設定存款目標也好。總之，先訂定目標。沒有明確的目標，就無法產生持久的動力；沒有動力，連定存利息都嫌太少，該買哪家股票也拿不定主意，投資策略更是遲遲難以決定。以這種方式開始，儲蓄必難持久，投資也多半會失敗。

我也曾經歷過類似的遭遇。幾年前，我被基金經理聲稱「保障高收益」的甜言蜜語所惑，糊里糊塗地背上數億韓元債務*。得知事實的那一刻，我手腳顫抖，冷汗直流。我不敢相信自己竟然會做出這種蠢事，我也不止一次想過放棄一切。現在回想起來，正因為當時我沒有制定明確目標，所以被「高收益」的話術所蒙騙。

即便如此，我還算幸運。因為丈夫沒有責怪我，反而堅定地支持我。正因為丈夫的支持，我無論如何也不能輕易放棄。我拚命接下各種演講和活動主持的工作，努力償還債務。幸運的是，天無絕人之路，生活終於慢慢回歸正軌。這時，我心中突然冒出一個念頭：

「還完這些債以後，我要做什麼呢？」

當時我還背著一屁股債，感覺還清的那一天遙不可及。但我知道，如果只顧著還債，債還完後我可能會失去生活的方向，萬一又被什麼甜言蜜語騙了，重蹈覆轍怎麼辦？我需要一個新的生活目標。

「為了迎接還清所有債務的全新生活，讓我來描繪一幅遠大的藍圖吧。沒錯，我要專注在講師工作，努力賺錢，目標成為年收十億韓元的明星講師。」

從那之後，我開始寫跟朗讀「未來日記」。每天晚上，我都會沉浸在五年後成為年收十億韓元的明星講師的畫面中，將想像化為日記中的文字，並大聲朗讀。

重要的是，**寫未來日記時要像目標已經實現一樣，用「現在式」書寫**。例如，不要寫「我將會成為年收十億韓元的講師」，而要寫「我是年收十億韓元的講師」，並像真的已經實現了一樣，真心誠意地朗讀出來。

---

* 一億韓元約新台幣二百二十萬元。

這並非我個人的主張。《墨菲：成功者的五十條法則》（マーフィー 成功者の50のルール）的作者，日本學者佐藤富雄如此闡述「現在式」言語其中蘊含的力量：

> 即使現在不夠富裕，也要像有錢人一樣行動。如果演得好，潛意識就會信以為真。到那時，這一切將不再是假裝，而是真正的現實。

如此，**當我們具體描繪未來，並透過言語、文字和行動展現出來時，大腦就會把它當成真的，並根據這個「現實」重新調整我們的行為模式，釋放潛能**。結果就是，現在的我不僅還完了債務，更實現了年收十億韓元的講師夢。

你也絕對做得到。從現在開始，像個已經致富的人那樣思考與行動吧。寫下用現在式描述的未來日記，大聲唸出來，讓大腦相信那就是你的現實，讓實現夢想的意志力自動湧現。

30 座右銘，是打造致富人生的指南針

成功的有錢企業家，幾乎都有一則意義深遠的座右銘。他們坦言，座右銘對自己的人生意義非同小可。雖然也有人譏諷那不過是暴發戶在虛張聲勢，但真的是這樣嗎？座右銘真的只是形式而已嗎？

當然不是。**座右銘正是這些成功人士克服逆境的支柱**，也可以說是他們成長過程中關鍵的祕密武器。以韓國三星電子前會長李健熙為例。直到一九九〇年代初期，三星在全球市場上還是沒沒無名，而正是「傾聽」這句座右銘，讓他成功帶領三星躍升成為如今的全球企業。

李健熙將「傾聽」落實於企業管理中。為了改善公司內部效率和生產力，他積極傾聽員工和專家意見。雖然基層員工沒有權力，三星仍為了傾聽他們的聲音，設立了

內部意見回饋制度。正是透過這種以傾聽為核心的管理策略，三星得以成功地從本土市場走向國際舞台，實現爆發式成長。

以「貴族義務」*（Noblesse Oblige）聞名的韓國製藥和化學公司「柳韓洋行」創始人柳一韓也是如此。他恪守「企業為社會而生」的座右銘，率先在韓國引入員工持股制度，將公司股份分享給員工。此外，他也積極推動獎學金事業，將企業利潤回饋社會。

座右銘是不可或缺的人生指南針，想打造富饒人生的人，不能沒有它。缺乏座右銘的人，在面對衝突與困難時，往往會手足無措、一敗塗地。然而，若用堅定有力的座右銘，確立清晰的人生座標，無論在什麼情況下，都能穩住重心，繼續前進。

那我們應該如何決定自己的座右銘呢？美國作家拿破崙・希爾認為，座右銘應該反映崇高的理念，這樣才能激發實踐信念所需的動力和靈感。他也說明了座右銘該如何融入日常生活中：

每天多次大聲說出你的座右銘。睡前，投入真實情緒和感受，重複朗讀至少五十次。將座右銘寫下，貼在浴室鏡子、汽車儀表板、桌子的日曆、冰箱門、錢包等醒目的地方。你越是頻繁地重複座右銘，其中所蘊含的價值觀將逐漸融入你的習慣中。

想找到一個有意義的座右銘，不妨先參考他人的座右銘。以下是幾位知名富豪的座右銘。光是讀這些話，是不是就能感受到他們最重視什麼？

「一勤，天下無難事。」

——鄭周永，韓國現代集團創始人

* 源自於歐洲中世紀封建制度的社會傳統觀念，認為貴族階層也有義務承擔社會責任，照顧底層人民，藉此增強社會凝聚力。

「用女性的方式取勝。」

——瑪莎・史都華（Martha Stewart），美國專欄作家

「將精力放在值得登上明天早報頭版的事。」

——華倫・巴菲特，美國投資家

「理解他人。」

——史蒂芬・柯維，美國管理學大師

他們總是把座右銘記在心裡，並時常朗讀出聲。每當他們**陷入困境、對方向感到迷惘，甚至想要放棄時，就會靠著反覆誦唸座右銘，重新找回力量與勇氣**。在心理學

中，這被稱為「自我實現預言」，指的是一種心理法則，闡述個人的信念或信條會影響行為，而座右銘正是信念千錘百鍊後的結晶。那些有錢人正是用這種方式預言了自己的人生。也正是靠著座右銘的信念，引領他們成為令人敬佩的大人物。

31 透過三種自我對話，領悟財富的意義

「客觀地看待情況，並與自己對話。」

這句話是美國暢銷書作家湯姆．柯利（Thomas C. Corley）給夢想成為有錢人的人的建議，同時也是白手起家的富人共有的習慣。這是他在分析了美國微軟創始人比爾．蓋茲、美國臉書執行長馬克．祖克柏（Mark Elliot Zuckerberg）、英國維珍集團創辦人理查．布蘭森（Richard Branson）等兩百三十三位成功人士的習慣後，得出的結果。

所謂的自我對話，是指我們與自身進行的溝通，而非與他人之間的對話，這並非毫無意義的自言自語。**自我對話是一種幫助我們客觀分析處境，並進行自我診斷的方**

法。通過這種方式，我們可以激發自己實現目標的動力，並引導自己發揮卓越能力。

運用自我對話的好處之一是「情緒調節能力」。例如，當我新開的講座未能獲得學員正面回饋，或演講效果不盡如人意，抑或我與熟人意見有衝突時，我便會自我對話，調整心情。自我對話可以在安靜的地方從容進行，也可以在搭火車或地鐵等移動過程中進行。只需舒服地靠在椅背上，聆聽火車車輪規律的聲響，與內在的自我展開一場真誠的對話。

「最近狀態不太好，這可能是講座反應不好的原因。別太心急，等身體好起來，就能恢復優秀表現。」

「這次演講因為時間倉促，出現不少失誤，聽眾的反應冷淡。常言道：『欲速則不達』，下次要冷靜從容地準備。加油！」

「我是不是太固執己見了呢？身為溝通專家，我不能忘記傾聽對方的意見。再問一次、再傾聽一次、再溝通一次吧。」

在與自己對話的過程中，我能感受到緊張、憤怒和壓力慢慢消退，看待問題的角度變得客觀，並逐步找到解決的線索。這是因為從更宏觀的角度看，能發現原本因專注眼前問題而忽略的整體脈絡。**自我對話能有效管理情緒與解決問題**。《如何克服內在的自我》（*Die Angst zu versagen und wie man sie besiegt*）的作者，奧地利心理學家漢斯．莫心思基（Hans Morschitzky）表示：

> 會與自己對話的人，成果往往比不對話者更豐碩。懂得自我對話的人遇到具有挑戰的任務時，會與自己輕聲交談。自我對話有助於更加謹慎地處理艱難或新的任務。在需要表現的時刻，要注意與自我的對話方式，透過內在的溝通，建立成功的模式。

現在你明白為什麼有錢人如此重視與自己對話了吧？志向越遠大，挑戰也越多，而自我對話正是最簡單又有效的應對方式。如果你渴望成為有錢人，試著練習自我對話吧。不知不覺間，你將驚訝地發現你已經能自己找到答案並解決問題。

根據《你該與自己進行的十場對話》（*10 Conversations You Need to Have with Yourself*）的作者，美國作家施慕禮．巴迪奇（Shmuley Boteach）表示，自我對話分為三種類型。

第一種類型是「**鼓勵式自我對話**」，對於在追求財富的過程中遇到困難的人而言，最需要的就是鼓勵。因為最了解你需要什麼鼓勵的人，就是你自己。透過自我對話給予自己支持與肯定，才是真正有意義的鼓勵。

自我對話的第二種類型是「**良知式自我對話**」。越渴望財富，越容易受到旁門左道的誘惑。然而，抄捷徑的人通常很難獲得好結果。自我對話能幫助我們抵抗誘惑，引導我們走上正道。善用良知式自我對話，我們就能重新檢視那些重要的個人價值觀和原則。

最後第三種類型是「**與真實自我的對話**」。這世上最了解自己的人，不是別人，而是你自己。那些羞於啟齒或不堪啟齒的事，即使能藏起來，也騙不了自己。卸下一切偽裝，和內心最深處的聲音進行真誠的對話吧。透過這樣的對話，我們能領悟財富的真正意義。財富並非用來炫耀的，而是幫助我們認識真實的自我，讓生活和精神更加豐富的基礎。

由此可見，**自我對話是我們一定要養成的習慣，它能讓我們擺脫如同迷宮般複雜的問題，並激發潛力**。一開始你可能會感到生澀或彆扭，畢竟平時不常做這種事。但不用覺得奇怪，當你逐漸克服不自在感，對自己坦誠以對，你將目睹自我對話帶來的驚人蛻變。

32 信守承諾，就能慢慢聚富

某位商人乘船渡河，航行途中，船隻因事故進水，眼看就要沉沒，恰好有漁夫聞呼救聲而至，商人說：

「若救吾一命，當酬黃金百兩。」

天上掉下來的財富讓漁夫又驚又喜，立刻出手相救，並將商人送至附近岸上。不料，商人翻臉不認帳，改口說：

「酬金為八十兩。」

「方才不是說黃金百兩？」

漁夫憤怒地質問商人何以出爾反爾，沒想到，商人卻反過來斥責漁夫貪得無厭。漁夫怒不可遏，分文未取，憤然離去。不久後，這位商人再次乘船渡河，卻在相同地點又遇上沉船危機，之前救過他的漁夫也再度出現。商人苦苦哀求漁夫救命。然而，漁夫擲下一言後棄他而去：

「無信商人，縱使再出手相救，也只會換來忘恩負義。此等人，不值得與之往來。」

這則中國古代故事，說明了信用的重要，特別是信用與我們所說的話息息相關。一諾可抵千金；反之，輕諾寡信，亦可招致千金債。

事實上，許多大型企業的創辦人都將信用視如生命。接下來，讓我們談談韓國現代建設創辦人鄭周永的一段真實故事。在現代建設創業初期，他承接了連結大邱和居昌的高靈橋修繕工程。這項工程是當時政府最大規模發包項目，不僅報酬可觀，更是企業揚名的絕佳機會。然而，當工程實際開始後，情況發展不如預期。設備條件不佳，加上突如其來的洪水造成工程進度嚴重落後。隨著工程一再延宕，公司內部開始有人主張解除合約。

「如果我們在這時候中止工程，公司將背負鉅額債務。」

然而，鄭會長力排眾議，堅定地推進工程。他果斷宣告，無論遇到何種困難，都一定要完工。

「只要失去一次信用，我們就很難再和政府做生意。即使現在需要承受損失，也要堅守信用，這樣政府才會繼續信任我們，將更多的項目交給我們，不是嗎？」

鄭會長竭盡所能，動用一切可用的資金來源，終於完成了高靈橋維修工程。如員工所擔憂的，這項工程導致了巨大的虧損。現代建設支出的工程費用超過原先預算兩倍以上，足足花了二十年才還清債務。

但是，正因為這項工程，現代建設一躍成了業界翹楚。「無論遭遇任何困難都會信守承諾」的聲譽在業界廣為流傳，政府也回應了現代建設展現的誠信。後來，現代建設陸續接下多項由政府主導的重大建設項目，這也成了現代建設發展為大企業的基礎。

如果當時因為害怕眼前損失而違背承諾，中斷工程，現代建設就不會有今日的成就。可以說，正是鄭會長展現的信用與毅力，造就了如今的現代建設。

從當年鄭會長的軼事到數十年後的今天，信用的價值依然歷久彌新。《那些韓國的百億富豪》（한국의 100억 부자들）的作者，韓國記者盧真燮（音譯）表示：**當代富豪仍將誠信視為立命之本**。

「信生信死」這句話正如字面意思，大多數富人因信用而生，亦因失信而亡。若沒有信用，在資產管理上將寸步難行。無論創造、守護或運用財富，都當以信用為根本。靠信用建立人脈，再透過人脈取得資訊並有效運用，才是真正的富人。

想成為富人，首要之務便是信守承諾。言而無信，話語反覆的人，無論是誰都不願與之往來或做生意。反之，**無論任何情況都堅守承諾的人，財富將自然而然地向他們靠攏**。當你的言語逐漸累積起信譽，就可聚富。因此，如果你渴望致富，千萬記住：**信用遠比千金重**。

★ 第6章 ★

讓話語成眞的
實現夢想習慣

「積言成行，積行成習，
積習成性，積性成命。」

——老子，中國哲學家

33 宣告目標，更能成為超級行動派

有兩位想減重的女性A和B報名了健身房，購買了一年份會員資格，希望養成每天運動的習慣。然而，兩人有一個關鍵差異：A只是在心中下定決心每天運動，而B卻向家人與朋友公開宣告目標。你認為這兩個人中，誰更有可能減重成功呢？

答案是B，因為她把自己的目標公開了。把目標告知眾人，就如同一種公開的承諾，會讓人產生責任感。如果只是跟自己的約定，人們很容易找各種藉口偷懶，但如果是對他人的承諾，就沒那麼容易蒙混過關了。正因為如此，向周圍人宣告目標能提高目標實現率。

我自己也深切體會過將目標公開的力量。那是在我第一次寫書的時候。當時我跑遍全國各地，進行演講、承接主持工作，還有準備報告，行程滿檔，分身乏術，每次回到家都累得像一灘爛泥。然而，我渴望看到自己的名字被印在書封上。雖然拖著疲憊的身軀寫稿並不容易，但我深知如果再這樣拖下去，我大概永遠無法完成寫作。於是，我開始向身邊的人宣告：

「明年，我的書將會正式出版。」

當我這樣說出口，我感覺生活多了一個重心，且這個重心頗有分量。目標不再只是我心裡的事，而是我與他人的承諾。這份言出必行的責任感，也讓我每天主動起床投入寫作。從那一刻起，我對「我的書即將問世」這件事，有了更真切地感受。

從那之後，我每天工作結束回到家便二話不說地坐在書桌前埋頭寫作，直到深夜。即使是休假日，我也會整天黏在椅子上。一開始，我連多寫幾行都覺得很吃力。但隨著每天持續練筆，我感覺寫作慢慢變成我的日常習慣，漸入佳境後，我每天都會維持一定的寫作量。最後在隔年初夏，我真的出版了我的第一本書《一流人士的溝通習慣》（1등의 대화 습관）。當時養成的寫作習慣，至今仍是我持續創作和出版各種書籍的重要動力。

由此可見，**公開宣告目標能帶來強大的行動力**。《活出美好》（*Your Best Life Now*）一書作者，美國傳教士約爾・歐斯汀（Joel Osteen）表示：

> 語言在實現夢想的過程中扮演關鍵角色。光是懷抱夢想，或滿懷信心地看待夢想還不夠，我們還必須說出對人生充滿信心的話語。言語蘊含巨大的創造力量，當我們開口的那一刻，我們所說的言語便獲得了生命。這是靈性法則。

根據《標準韓國語辭典》的定義，習慣是指「經年累月反覆某行為後，自然養成的行為模式。」正如字面所示，**習慣具有慣性，一旦根深柢固就很難擺脫，要想重新建立也並不容易**。如果你正準備挑戰艱難的任務，不妨勇敢向身邊的人宣告目標，善用這份責任感，你將能有效改掉壞習慣，養成好習慣。

本章將探討如何藉助言語的力量，幫助你堅持不懈，不輕言放棄。這包括使用正面的表達、著眼未來的語氣，以及自我肯定和自我對話。只要你願意認真實踐這些技巧，便能重塑自我，成為能主動引領自己的超級行動派。

34 想成功，先從改變一%開始

今天、明天、每天只投入一%，只要把握住每天的一%，剩下的九九%就會自然而然地改變。不出一年，你就能遇見煥然一新的自己。從最微小的行動開始吧，它會帶來驚人的變化，所有偉大的成就都從小地方開始。

這段文字，出自韓國亞洲大學心理學系名譽教授李民圭（音譯）的書《每天一%》（하루 1%）。一%乍看之下微不足道，但它的影響力卻不容小覷。例如，人類和黑猩猩的基因相似度高達九八．七%。然而，僅僅一．三%的差異，就已經讓兩者之間存在天壤之別。

只要下定「哪怕只有一%也要改變」的決心，日積月累，就能帶來驚人的變化。

正所謂聚沙成塔，每天實踐的微小習慣，假以時日，必然帶來令人歎為觀止的蛻變。

有位上班族曾向我訴苦。說她很難養成運動習慣，幾乎能想到的運動都嘗試過，像是健身、瑜伽、彼拉提斯等。然而，每次都是一、兩個月就放棄了。

她也有自己的難處。因為工作性質，她經常加班，晚上還有不少聚餐應酬。她一開始認為只要意志夠強，必能擠出時間運動。但她若總是拒絕加班，就得看同事的臉色；而老是推掉聚餐或應酬，又會覺得和大家疏遠。這反而造成她更大的心理壓力。

總之，她為自己設了一個根本不符合實際情況的目標。每個人的處境和個性不盡相同，適合的運動方式自然也不一樣。然而，她沒有考慮到自己的實際情況。當我發現這一點後，便建議她不必執著於宏大的目標，不妨先養成簡單的小習慣，比如從在家或公司都能輕鬆做到的簡單伸展運動開始：

「就從坐在椅子上或躺在床上就能做的伸展運動開始。另外，只要用心找找，其實會發現還有很多利用空檔就能做的運動，像是舉啞鈴、爬樓梯等。最重要的是，每日持之以恆，不輕言放棄。只要能夠做到這一點，運動習慣就會自然地融入生活。」

我認識一位女性企業顧問B，她就是透過每天一%的微小改變，實現巨大蛻變的最佳實例。她成功減重逾十公斤，關鍵祕訣在於改變小習慣。由於工作繁忙，無暇運動，加上每天晚上習慣吃零食，導致無法順利減重。如果她當初選擇速成式減重，可能會以失敗告終。不過，她的選擇是這樣的：

「冰凍三尺非一天之寒，循序漸進地改變吧。」

她找的方法雖然微小，卻能長期堅持。她選擇先從控制零食的攝取量開始，她逐步減少平日愛吃的餅乾、麵包、年糕、飲料等，用雞蛋、沙拉、魚肉、堅果等健康食材填飽肚子。堅持了幾個月後，她的身體似乎已經適應這樣的變化，對零食的慾望大減，身上的贅肉也明顯消退。她受到激勵，開始在工作空檔中進行徒手運動。五個月後，再次穿上了十年前買的洋裝。

我要再次強調，**若從一開始就設定過於宏大的目標，很容易變成三分鐘熱度。相反，如果能堅持完成小目標，則能加強自信，穩定邁向更大的目標。**《用習慣改變自己》（自分を變える習慣力）一書作者，日本企業董事三浦將也指出：小習慣持之以恆，自然而然會帶來巨大的變化。養成好習慣並不需要強大的意志力和大量的時間：

> 如果每天要執行的習慣帶來的壓力過大，就難以持久。與其勉強自己，導致半途而廢，不如選擇不需要太費力的簡單任務，每天持續不懈地實踐。初期不要期待成效，焦點放在「建立習慣」，這樣才能成功保持下去。

征服世界最高峰聖母峰的壯舉也是始於足下。從一開始就只看著山頂，急於攻頂的人，很容易耗盡體力。反之，一步一腳印，踏實前行的人，才能成功登頂。因此，我要再次向所有渴望邁向新目標的讀者強調：**在設定遠大目標之前，先從改變一%開始吧。最重要的不是「改變的速度」，而是「持之以恆」**。

35 說話時，把目光放未來，不糾結過去

「當時真不該那樣做。」「那件事搞砸了一切。」那些經常抱怨和後悔的人，往往太執著於過去。他們困在記憶裡的過去，既無法活在當下，也難以展望未來。這些執著於過去的行為，讓人不禁聯想到成語「刻舟求劍」的故事。很久以前，有個年輕人乘船渡河。當他向眾人炫耀自己珍貴的寶劍時，一不小心讓劍掉到江裡。他不慌不忙地在寶劍落水處的船舷邊刻下記號，船上的乘客感到疑惑，問他在做什麼，他答道：

「我在寶劍落水處做了記號，以便來日找回它。」

聞者莫不啞然失笑。年輕人竟然完全沒有考慮到船隻正在移動。

這個故事提醒我們：當情況已經改變時，如果還固執於過去的經驗或做法，將會

是多麼愚蠢。德國心理學家維爾納・溫克勒（Werner Winkler）指出，那些執著於過去的人，通常有以下幾個特徵：

1. 能夠鉅細靡遺地記住久遠往事。
2. 懷念過去，或畏懼歷史重演。
3. 無論結果好壞，總是難以釋懷。
4. 捨不得丟掉過去用過的物品，習慣保存下來。
5. 難以制定並執行未來的具體計畫。

這類人因為太執著於過去，不但無法好好享受當下，也害怕展開新事物，對未來僅止於模糊想像，難以付諸實際行動。這是因為他們困在過去的錯誤和失敗的記憶中，承受著壓力。

那麼，我們要如何擺脫這種執著於過去的傾向，成為一個積極面向未來的人呢？

首先，需要下定決心，堅決告別充滿悔恨與不滿的過去。時間不是一潭死水，而是持續在流動的河水。如果你想活得更主動，就算過去的記憶讓你糾結，也別再為它而煩心。因為在你煩惱的當下，美好的新時光正在湧現，唯有真正放下過去，才能真正開始享受新的時光。

為了成功完成這種轉變，**就要養成面向未來的說話習慣，拋開惋惜與懷舊，用描繪夢想的語氣武裝自己**。乍聽之下頗為宏大，但並不困難。祕訣很簡單，少用過去式，多用現在式與未來式表達：

「夏天我會成功瘦身，擁有輕盈的體態。」

「我將成為受人尊敬的領導者。」

僅是時態上的簡單轉變，就能使意識自然地轉向未來。當我們的意識放在未來，想法和行動自然會跟著轉變，因為語言會影響我們的思維方式。透過這種方式，我們能夠積極地改變現狀，為更美好的未來和人生奠定基礎。所以，說話的時候，把目光放在未來，不要再糾結過去了。爭取美好未來和人生的責任在於你自己。

36 無力感人人有，怎麼表達才能克服？

被二十四隻狗包圍會有多幸福呢？然而，心理學家們似乎不這麼認為。美國心理學家馬丁．塞利格曼（Martin E. P. Seligman）曾對二十四隻狗進行了一項實驗。研究人員將狗分成三組，讓牠們分別進入特製的實驗箱，這些箱子的底部鋪設了電擊裝置，只要按下按鈕，狗就會受到痛苦的電擊。

第一組狗沒有被電擊。第二組則會受到電擊，不過研究人員同時訓練牠們學會操作開關來停止電擊。第二組狗很快就學會了使用方法，能自行停止電擊。至於最後的第三組狗，研究人員也同樣電擊牠們，但牠們無法阻止電擊，只能被動地承受痛苦。

接著，研究人員把這二十四隻狗轉移到新的實驗箱，這個箱子的底部同樣鋪設了電擊裝置，但只要跳過中央的低矮隔板就能躲避電擊。研究人員電擊了每一隻狗，並觀察牠們的行為。結果究竟如何呢？

第一組和第二組狗，也就是沒有被電擊或能夠自行停止電擊的狗，本能地跳過隔板，移動到另一邊。但第三組狗的反應令人震驚——牠們完全沒有試圖逃跑，只是被動地承受電擊。馬丁·塞利格曼和他的同事把第三組狗的反應命名為「習得無助感」（Learned helplessness），認為在無法逃避的情況下，狗學會了無力感。即使後來情況改變，牠們也不再嘗試逃離。

人也是一樣。舉例來說，假如有個人下定決心戒菸卻屢屢失敗，不久之後，他就會這麼想：

「又失敗了，我真沒用，再試也沒用。」

久而久之，戒菸計畫就會淪為每年一次的例行公事，而戒菸的決心也很快就會消失無蹤。這就是典型的習得無助感。許多人想靠建立新習慣改變生活，卻總是原地踏步，就是因為陷入了這種心理狀態。不過，現在就放棄為時過早。馬丁·塞利格曼在後續的實驗中，發現有些人並不會陷入無力感。他們的祕訣是什麼？他們又是如何克服無力感，並成功將新習慣融入生活的呢？

根據馬丁・塞利格曼的說法，**戰勝無力感的關鍵在於我們看待和解釋問題的方式**。悲觀的人容易陷入無力感，反之，樂觀的人更能克服它，並成功養成新習慣。他解釋道：

> 我們怎麼解釋失敗，會影響是否陷入無力感。樂觀的人比較能撐過挫折，就算失敗也不輕言放棄，發生習得無助感的機率也比悲觀的人少得多。

回到剛才提到的戒菸例子。儘管那個人立志戒菸卻屢次失敗。此時，陷入習得無助感的人會將這份失敗看成是注定無法戰勝的命運。

「我不行。又搞砸了，注定戒不掉菸。」

這種說話方式，會讓人永遠無法擺脫壞習慣。反之，能夠抵抗無力感的人則會這麼說：

「這次是因為誘惑太多才不幸失敗，下次一定能成功。」

用樂觀的眼光看問題，就能改掉壞習慣，養成好習慣。我們都想養成好習慣，過上更積極的人生，沒人願意被無力感困住，虛度光陰。如果你此刻感到無力，不過只是暫時的不順而已。此時此刻，你需要的是積極樂觀的語氣。就算經歷多次失敗，也不要自暴自棄，用積極的語氣武裝自己。這樣你將獲得再次挑戰的力量。

37 如何自我稱讚，做自己的後盾？

「我認為正是因為我不斷讚美自己，才得以保持絕佳狀態，贏得比賽。」這是韓國選手柳蕭然的話。她在二〇一七年美國女子職業高爾夫（LPGA）巡迴賽中拿下兩場勝利，登上世界第一。「自我稱讚」正是她走向勝利的關鍵動力。許多人總認為稱讚是給別人的，自己只能被動地等待別人肯定。因此，真正懂得稱讚自己的人反而寥寥無幾。但其實，自我讚美的力量無比強大，就像受到他人肯定一樣，同樣能振奮人心，激發行動力。

韓國精神科醫學博士李時炯指出，稱讚能促進血清素分泌，特別是看著鏡子裡的自己、直視雙眼時，效果會更好。他補充道：

當你覺得「我不行！」時，就到鏡子前，大聲稱讚自己吧：「你是個天才，眼睛很迷人，笑容很甜美，頭髮很柔順，真的很真誠。」謙虛是禁忌，就算有點自滿也沒關係。一開始你可能會覺得彆扭，但漸漸地就會習慣，你會開始相信自己就是如此，也會感到滿足和幸福。

「我不行！」這句話設定了你的極限。這是我身為精神科醫師多年來的深刻體會。

稱讚自己，對成長與幸福的影響非常明顯。它能喚醒沉睡在內心深處、像巨鯨般的潛能，讓那頭巨鯨甦醒。就算被誤會成自戀狂也沒關係，**讚美自己絕對不用吝嗇**。

在孩子成長的過程中，好的母親總是對每一個新行為給予滿滿的讚美。孩子無論是笑、哭、翻身、甚至是排泄，都會得到「哇，好可愛」「我的寶寶最棒了！」這類稱讚。孩子聽見這些話會笑出聲，更加活潑好動。

要脫離過去的自己、邁向全新的自己，最好的方法之一就是經常稱讚自己。在人生的各種挑戰中，難免會有不如預期的時候，有時甚至因為無可奈何而無法履行對自己的承諾。這時如果聚焦在失敗，貶低自己，反而會適得其反。即使曾多次失敗，也別忘了這樣鼓勵自己：

「我正在變好，光是如此就已經很棒了。」

越常稱讚自己，心情就越容易保持愉快，幹勁也會更高。韓國的愛寶樂園，就是善於運用自我讚美概念的企業之一。二〇一六年，愛寶樂園引入「自我稱讚卡制度」，鼓勵員工肯定自己的行為。這項制度讓員工更有自信地完成本職工作，也提升了顧客的滿意度。這是因為自我稱讚使員工的心情穩定，並激發積極工作的動力。

稱讚就像馬拉松選手賽程中的補給飲料。正是因為有這些補給，選手才能撐過漫長的柏油路，突破體能極限與放棄的誘惑，持續向前跑。如果你正在努力展開新生活，那麼從現在開始，多多讚美自己吧。不過要掌握分寸，別太過也別太少，學會適度稱讚自己才是關鍵。《從容致勝》（*Gelassenheit siegt!*）的作者，德國溝通培訓師古德倫・菲（Gudrun Fey）表示：

想建立自信嗎？那就時常輕拍自己的肩膀，讚美自己吧。自我稱讚是滋養心靈的補藥，但要掌握「剛剛好」的分寸，需要一點練習。因為培養自信的方法來自「中庸」，而不是盲目的謙虛或自滿。

正如前面提到的，**中庸之道就是不貶低、也不誇大自己，而這正是自我讚美的核心**。讓我們學會把握好分寸，持續地滋養、鼓舞自己。終有一天，你也能像柳蕭然選手那樣說出：

「讚美自己，保持積極的動力，並持之以恆地實踐，就是我的成功祕訣。」

38 傾聽內心聲音，是克服低潮的關鍵

「低潮只有出色的人才會遇到。」這句話出自韓國排球女皇金軟景。你是否能感受到她在領悟這個道理之前，曾經歷多艱難的低潮嗎？儘管被譽為「百年一遇的選手」，金軟景也曾深陷低潮，無法倖免。

由於她每次都奮不顧身地跳躍，也因此接受了多達三次的膝蓋手術。因為瞬間劇烈伸展又收縮的動作，讓肌肉撕裂成為家常便飯。頻繁地傷病累積帶來低潮，長期的海外生活更讓她陷入精神困境。她找不到自己遠赴異國他鄉的意義。

金軟景能走出低潮，是因為她開始傾聽自己內心的聲音。她不再因為外界評價患得患失，而是用心傾聽自己未曾察覺的真實心聲。金軟景選手曾在自己的直播中分享這段心路歷程。她表示，**想要避免再次跌倒，就必須學會傾聽自己的心聲**。

就連天賦異稟的運動明星也會遭遇狀態低迷，意志消沉的時刻。低潮的原因，可能來自日復一日的訓練、過去的失敗陰影、對目標的過度執著，或是單純的狀態不佳。對優秀選手而言，這樣的情況並不少見。這些例子在日常生活中也屢見不鮮。即使是每天堅持運動的人，有時也會因為身體狀況或心情而萌生休息的念頭。又或者，即使立下每週讀書的目標，真正打開書後卻發現內容太難、不適合自己，結果到頭來還是看不下去。在減肥期間，也可能因為不能吃自己想吃的東西，只能照著規定的菜單吃而備感壓力。這種時候需要的，就是像金軟景一樣，與自己對話。**當旁人的建議都無濟於事時，安靜地傾聽內心聲音反而更有效**。為什麼自我對話會有效？奧地利心理學家漢斯·莫心思基是這麼解釋的：

> 人們不斷地與自己對話，指示自己該做什麼、應該做什麼。自我對話能減輕壓力，幫助我們篩選思緒和情感，還能讓我們維持良好的身心狀態，以最佳方式集中注意力，強化記憶。

來看看一位汽車銷售員B的例子。他曾在首爾江南某分公司工作，多次拿下銷售冠軍。即便如此，他仍無法避免某天陷入低潮，業績日漸下滑，鬥志也逐漸消退。

經過多次諮詢與深入交談，我發現他的業務溝通方式沒有任何問題，真正的問題在於對自己信心不足。這不是外人能介入解決的問題。所以我建議他，不要讓自己太過忙碌，留一些獨處的時間。

「答案終究在你自己身上。別再為了補救下滑的業績而忙得團團轉，那只會加重疲憊感，更難走出低潮。減少工作，花點時間與自己對話吧。你會在這個過程中，重新認識那個相信自己，並能克服低潮的自己。」

令人欣慰的是，這個建議似乎奏效了，幾個月後他便找回了昔日的自信，重回銷售冠軍寶座。很棒吧？**其實，克服低潮的關鍵就在於——你是否相信自己**。

39 提升積極與效率的一句話

最近在韓國，關於咖啡廳讀書族（簡稱「咖書族」）的新聞報導隨處可見。「咖書族」是個新詞彙，用來指那些帶著筆電或書本到咖啡廳讀書的人。和氣氛嚴肅、沉悶的圖書館，或容易讓人分心的家裡相比，相對輕鬆自由的咖啡廳更能讓他們專注。儘管偶有店家抱怨會影響翻桌率和營業額，但在咖啡廳讀書的人潮似乎很難減少。

選擇咖啡廳的原因百百種，但最主要的，還是因為「在咖啡廳讀書效率更好」。那麼為什麼咖啡廳讀書效果好呢？理由當然可能有很多，不過我們可以試著用組織心理學中的「霍桑效應」（Hawthorne effect）來解釋這個現象。一九二四年，當時美國最大的電子設備公司「西部電氣」（Western Electric）請教任職於哈佛大學的澳洲心理學家埃爾頓．梅奧（George Elton Mayo）：

「我們認為在明亮的地方工作能提高員工效率，所以最近將工廠的照明設備換成更亮的燈具，但生產力只是暫時上升，就又恢復原狀了。我們該怎麼做才能保持高生產力呢？」

梅奧教授為了了解工廠亮度對工人的影響，在西部電器的燈泡製造廠霍桑工廠進行實驗。但他在調整工廠照明、觀察工人效率時，卻很快發現了一個奇怪的現象。那就是無論工作環境明亮或昏暗，生產力都同樣上升了，甚至當所有環境都調暗，依舊能維持高生產力。

這個令人費解的結果讓梅奧教授百思不得其解。為了找出原因，他不斷地研究，直到他與一位工人進行訪談，他才總算找到答案：

「我們聽說有一位知名的大學教授正在我們工廠進行實驗，一想到有位知名的教授在觀察我工作的樣子，心情變得特別好。所以，不管工廠是亮還是暗，我工作都特別賣力。」

答案就是這個。提升生產力因素並不是工廠的亮度差異，而是有研究人員在場。

梅奧教授以實驗地點霍桑工廠的名稱，將這種現象命名為「霍桑效應」。**霍桑效應指的就是，當人們意識到有人在觀察自己，行為自然而然地會變得更積極、更有效率**。由此可知，在能力提升方面上，心理因素和物理條件同樣重要。許多傑出人士善於活用霍桑效應。他們不會只是被動地等待關注，而是主動創造機會，爭取他人的目光。

一句「**請看著我**」就能啟動這個效應。當我們說出這句話時，大腦會產生錯覺，彷彿真的有人在注視著我們。一旦感覺到自己的一舉一動都受到他人關注與期待時，自然會更有幹勁，創造出更好的成果。

霍桑效應不僅適用於工廠或公司等工作場所，也同樣適用於家庭、學校、人際關係等日常生活領域。如果說**他人的溫暖目光是提升能力的關鍵，那麼積極主動地去請求關注，也能成為提升能力的捷徑**。

參考文獻

1.《今日我們是富人》（*Today We Are Rich*），蒂姆．桑德斯（Tim Sanders）。

2.《轉念致富》（*The Instant Millionaire A Tale of Wisdom and Wealth*），馬克．費雪（Mark Fisher）。

3.《E 型人格的再發現》（*E* 형 인간 성격의 재발견），邊光鎬（변광호）。

4.《感恩的力量》（*Thank you power*），戴博拉．諾維爾（Deborah Norville）。

5.《強心臟訓練》（강심장 트레이닝），金秉準（김병준）。

6.《失落的健康法則》（*The Science of Getting Health*），華勒斯．華特斯（Wallace D. Wattles）。

7.《積極情緒的力量》（*Positivity*），芭芭拉・弗雷德里克森（Barbara Fredrickson）。

8.《活出美好》（*Your Best Life Now*），約爾・歐斯汀（Joel Osteen）。

9.《積極的言語，強大的結果》（*Positive words, powerful results*），哈爾・厄本（Hal Urban）。

10.《扭轉人生的10句話》（*Ten Powerful Phrases for Positive People*），理查・狄維士（Rich DeVos）。

11.《金妍兒的7分鐘電視劇》（김연아의 7분의 드라마），金妍兒（김연아）。

12.《吸引力法則》（*The Law of Attraction*），查爾斯・哈尼爾（Charles F. Haanel）、歐內斯特・霍爾姆（Ernest Holmes）、拿破崙・希爾（Napoleon Hill）。

13.《突破自我的力量》（나를 돌파하는 힘），尹錫金（윤석금）。

14.《學習樂觀・樂觀學習》（*Learned Optimism*），馬汀・塞利格曼（Martin E. P. Seligman）

15.《想瘦，就會瘦》（*Think thin, Be thin*），桃樂絲・威德・赫爾默靈（Doris Wild Helmering）、黛安・R・哈爾斯（Dianne R. Hales）。

16.《戰勝內在自我的方法》（*Die Angst zu versagen und wie man sie besiegt*），漢斯・莫心思

基（Hans Morschitzky）。

17.《喚醒心中的巨人》（*Awaken the Giant Within*），安東尼・羅賓（Anthony Robbins）。

18.《思想致富》（*Think and Grow Rich*），拿破崙・希爾（Napoleon Hill）。

19.《幫你實現夢想的未來日記》（あなたの夢をかなえる'未來日記'），佐藤富雄。

20.《對話的智慧》（*Conversational Intelligence*），茱蒂絲・E・葛拉瑟（Judith E. Glaser）。

21.《恐懼OUT》（*Feel the fear and do it anyway*），蘇珊・傑佛斯（Susan Jeffers）。

22.《沉著致勝！》（Gelassenheit siegt!），古德倫・菲（Gudrun Fey）。

23.《創造健康》（*Creating health*），迪帕克・喬布拉（Deepak Chopra）。

24.《餐桌前的小小奇蹟》（밥상머리의 작은 기적），SBS Special 製作團隊。

25.《百萬富翁們的成功秘訣》（*Strategien zum Reichtum*），奧拉夫・胡特（Olaf Huth）。

26.《財富自由之路》（*Der Weg Zur Finanziellen Freiheit*），博多・舍費爾（Bodo Schäfer）。

27.《失落的致富經典》（*The Science of Getting Rich*），華勒思・華特斯（Wallace D. Wattles）。

28.《習慣致富》（*Rich Habits*），湯姆・柯利（Thomas C. Corley）。

29.《致富宣言》（*The Declaration of Becoming Rich*），派特・梅西堤（Pat Mesiti）。

30.《決斷2秒間》（*Blink*），葛拉・威爾（Malcolm Gladwell）。

31.《道歉的力量》（*On Apology*），亞倫・拉札爾（Aaron Lazare）

32.《擄獲人心的稱讚手冊》（ほめ言葉ハンドブック），本間正人、祐川京子。

33.《智慧書》（*Oráculo Manual y Arte de Prudencia*），巴爾塔沙・葛拉西安（Baltasar Gracián）。

34.《為什麼我們如此不同？》（*Warum sind wir so verschieden?*），維爾納・溫克勒（Werner Winkler）。

35.《權力分數》（*Power Score*），傑夫・斯馬特（Geoff Smart）、藍迪・史崔特（Randy Street）、艾倫・福斯特（Alan Foster）。

36.《讀三國有心機》，馬銀春。

37.《成功CEO的習慣》（성공하는 CEO의 습관），金成會（音譯，김성회）。

38.《與成功有約》（*The 7 Habits of Highly Effective People*），史蒂芬・柯維（Stephen R. Covey）。

39.《拿破崙．希爾成功定律》（*The Law of Success*），拿破崙．希爾（Napoleon Hill）。

40.《高績效教練》（*COACHING for PERFORMANCE*），約翰．惠特默爵士（Sir John Whitmore）。

41.《分泌血清素！》（세로토닌하라！），李時炯（이시형）。

42.《實現願望的技巧》（*Wishcraft*），芭芭拉．雪兒（Barbara Sher）。

43.《連結的藝術》（*The Art of Connecting*），雷恩斯（Claire Raines）。

44.《水中慧》（수중혜），SERICEO 內容製作團隊。

45.《習慣的起點》（自分を變える習慣力），三浦將。

46.《秘密》（*The Secret*），朗達．拜恩（Rhonda Byrne）。

47.《信念的力量》（*The Magic of Believing*），克勞德．布里斯托爾（Claude M. Bristol）。

48.《心理學的樂趣》（*Joy of Psychology*），克里斯．拉萬（Chris Ravan）。

49.《催產素的力量》（옥시토신의 힘），李時炯（이시형）。

50.《她為什麼買單》（*Why She Buys*），布麗奇特．布倫南（Bridget Brennan）。

51.《寬恕的技術》（*Forgive to Live*），迪克．提比茲（Dick Tibbits）。

52.《合乎體質的韓方養生》（우리 몸에 맞는 한방 웰빙），李相滿（이상만）。

53.《你該與自己進行的十場對話》（*10 Conversations You Need to Have with Yourself*），施慕禮・巴迪奇（Shmuley Boteach）。

54.《從此刻活出自信！》（*Self-esteem NOW!*）米亞・特恩布洛姆（Mia Tornblom）。

55.《精神醫學的誕生》（정신의학의 탄생），河智賢（音譯，하지현）。

56.《趙炳植的自然療癒法》（조병식의 자연 치유），趙炳植（音譯，조병식）。

57.《朝鮮知識分子的說話筆記》（조선 지식인의 말하기 노트），韓正主（音譯，한정주）、嚴潤淑（音譯，엄윤숙）。

58.《讚美日記》（ほめ日記），手塚千砂子、高橋美起。

59.《銷售中的心理學》（*The Psychology of Selling*），布萊恩・崔西（Brian Tracy）。

60.《潛能》（*Potential*），戴夫・亞雷德（Dave Alred）。

61.《墨菲：成功者的五十條法則》（マーフィー 成功者の50のルール），佐藤富雄。

62.《韓國的百億富豪們》（한국의 100억 부자들），盧振燮（音譯，노진섭）。

63.《美好終章，老年人生學》（해피엔딩 노년의 인생학），元東妍（音譯，원동연）、柳

東俊（音譯，유동준）、金英司（音譯，김영사）。
64.《優雅老去》（*Aging Well*），喬治・伊曼・範蘭（George E. Vaillant）。
65.《零極限》（*Zero limits*），喬・維泰利（Joe Vital）、伊賀列阿卡拉・修・藍（Ihaleakala Hew Len）。
66. 韓國保健情報統計學會（www.koshis.or.kr）。
67.〈粗暴的言語會損害大腦，讓人陷入「思想監獄」〉，《韓國中央日報》，二〇一六年四月十一日。
68. "The Neurochemistry of Positive Conversations", Judith E. Glaser, Richard D. Glaser,*Harvard Bussiness Review*（hbr.org）, 2014.06.12.

HEART
心|視野 心視野系列 155

讓好事發生的說話習慣

從「內在對話」、「人際溝通」到「財富豐盛」，
打造理想人生的 39 個表達練習
일단 잘될 거라 말해요

作者 吳秀香（오수향）
譯者 黃莞婷
封面設計 初雨有限公司
內文排版 黃雅芬
出版二部總編輯 林俊安

出版者 采實文化事業股份有限公司
執行副總 張純鐘
業務發行 張世明・林踏欣・林坤蓉・王貞玉
國際版權 劉靜茹
印務採購 曾玉霞・莊玉鳳
會計行政 李韶婉・許俽瑀・張婕莛
法律顧問 第一國際法律事務所 余淑杏律師
電子信箱 acme@acmebook.com.tw
采實官網 www.acmebook.com.tw
采實臉書 www.facebook.com/acmebook01

ISBN 978-626-431-081-9
定價 380 元
初版一刷 2025 年 8 月
劃撥帳號 50148859
劃撥戶名 采實文化事業股份有限公司
104 台北市中山區南京東路二段 95 號 9 樓
電話：(02)2511-9798 傳真：(02)2571-3298

國家圖書館出版品預行編目資料

讓好事發生的說話習慣：從「內在對話」、「人際溝通」到「財富豐盛」，打造理想人生的 39 個表達練習 / 吳秀香（오수향）著；黃莞婷譯 .-- 初版 .-- 台北市：采實文化事業股份有限公司，2025.08
216 面；14.8×21 公分 .--（心視野系列；155）
譯自：일단 잘될 거라 말해요
ISBN 978-626-431-081-9（平裝）
1.CST: 說話藝術 2.CST: 生活指導
192.32 114008956

일단 잘될 거라 말해요
Contradictions by 오수향 (Oh Suh Hang, 吳秀香)
Copyright © 2023
All rights reserved.
Traditional Chinese edition copyright © 2025 ACME Publishing Co., Ltd.
Traditional Chinese translation rights arranged with Oh Suh Hang through EYA (Eric Yang Agency).

采實出版集團
ACME PUBLISHING GROUP

版權所有，未經同意不得
重製、轉載、翻印